# So lernt mein Kind sprechen

Dr. med. Annerose Keilmann

# So lernt mein Kind sprechen

- Sprachstörungen erkennen
- Sprachverzögerungen beheben
- Sprachentwicklung fördern
- Mit vielen Übungen und Sprachspielen

MIDENA

**Die Autorin:** Dr. med. Annerose Keilmann arbeitet seit vielen Jahren in der Klinik für Kommunikationsstörungen in Mainz.

**Hinweis:** Die Inhalte des vorliegenden Ratgebers sind sorgfältig recherchiert und erarbeitet. Dennoch kann aus rechtlichen Gründen weder von der Autorin noch vom Verlag eine Haftung oder Gewähr übernommen werden.

Die Deutsche Bibliothek – CIP-Einheitsaufnahme

**Keilmann, Annerose:**
So lernt mein Kind sprechen : Sprachstörungen erkennen, Sprachverzögerungen beheben, Sprachentwicklung fördern ; mit vielen Übungen und Sprachspielen / Annerose Keilmann.
– Augsburg : Midena, 1998
ISBN 3-310-00484-8



Midena Verlag, Augsburg


Redaktion: Jeanette Stark-Städele
Lektorat: Franz Leipold
Fotos: Heidi Velten S. 2, 15, 22, 32, 33, 42, 61, 77, 82, 109, 119, 124; alle anderen stammen von der Autorin
Umschlaggestaltung: S/L Kommunikation
Umschlagfotos: IFA Bilderteam/Int. Stock
Satz: Gesetzt aus der Stone Serif von satz-studio gmbh, Bäumenheim
Reproduktion: Mayr Reprotechnik GmbH, Donauwörth
Druck und Bindung: Offizin Andersen Nexö, Leipzig – ein Betrieb der INTERDRUCK Graphischer Großbetrieb GmbH
Printed in Germany
ISBN 3-310-00484-8

# Inhalt

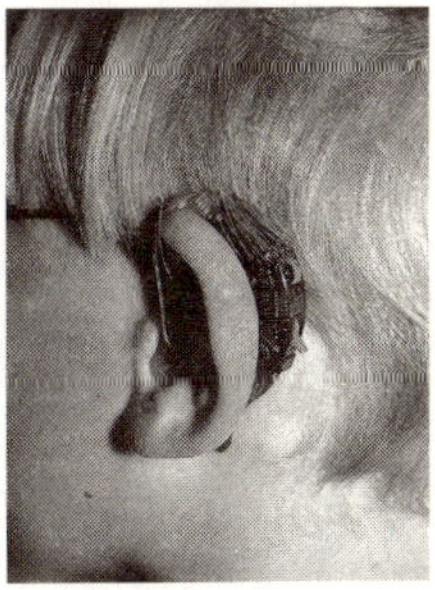

# Vorwort

In den letzten Jahren haben Sprachstörungen bei Kindern enorm zugenommen. Jedes 4. Kind im Vorschulalter hat nach neueren Untersuchungen Probleme beim Erlernen oder Umsetzen von Sprache. Hierfür werden viele Ursachen verantwortlich gemacht: fehlende soziale Kontakte unter Kindern, mangelnde sprachliche Anregungen, die fehlende Gesprächsbereitschaft in den Familien und der Fernsehkonsum.

Die Folgen dieser Sprachentwicklungsprobleme sind für die Kinder oft gravierend, ist doch eine normale Entwicklung des Sprachverständnisses und der aktiven Sprache eine wichtige Voraussetzung, um soziale Beziehungen aufzunehmen wie auch geistige Fähigkeiten zu trainieren.

Die Sprache, die Kommunikation über den Hör-Sprach-Kanal, ist heutzutage die wichtigste Form der Verständigung, obwohl sie sich im Laufe der Evolution erst spät entwickelt hat. Sehen und Riechen wurden schon viel früher eingesetzt, um Informationen aus der Umwelt zu erfassen. Doch Sprechen und Hören zeigten sich dadurch überlegen, daß diese Informationsübermittlung auch im Dunkeln und ohne Sichtkontakt möglich ist. Gegenüber dem Riechen ermöglicht der Hör-Sprach-Kanal einen weit rascheren Informationstransport. Vor allem aber erlaubt die Sprache die differenzierteste Übermittlung von Gedanken, Gefühlen und Wünschen. Der Hör-Sprach-Kanal ermöglicht dem, der die Information aussendet, diese sofort zu kontrollieren; er bietet ein unmittelbares Feedback. Dem ist wohl auch das »innere Sprechen« zu verdanken. Jeder Erwachsene kann so Gedanken vorformulieren, ohne sie gleich auszusprechen.

Ein großer Teil der Denkvorgänge im Erwachsenenalter läuft ebenfalls über die »innere Sprache«. Denken und Sprechen sind ganz eng aneinander gekoppelt.

Sprache wird im Umgang mit Eltern, Geschwistern und anderen Personen erlernt. Die Art und Weise, in der diese Personen mit Sprache umgehen, spielt eine ganz entscheidende Rolle für den Spracherwerb eines jeden Kindes.

In diesem Ratgeber wird die normale Entwicklung der Sprache mit ihrer großen Variationsbreite aufgezeigt. Dabei werden die Grenzen dessen verdeutlicht, was noch im Bereich des Normalen liegt. Mit Hilfe dieser Informationen können Sie einschätzen, ob eine professionelle Untersuchung Ihres Kindes notwendig ist.

Wird eine Abweichung von der normalen Sprachentwicklung rechtzeitig erkannt und werden die Ursachen abgeklärt, können negative Auswirkungen auf die weitere Entwicklung in vielen Fällen verhindert werden. Die Erfolgsaussichten sind um so günstiger, je früher geholfen werden kann, das bedeutet möglichst bevor eine ausgeprägte Störung vorliegt und sich das Kind dieser Schwierigkeiten bewußt wird und ein Störungsbewußtsein entwickelt.

Eltern und Erzieherinnen sind oft unsicher im Umgang mit sprachgestörten Kindern. Durch ständige Aufforderungen, sich nun doch mal anzustrengen oder deutlicher zu sprechen, helfen sie den betroffenen Kindern nicht.

Kinder entwickeln oft Verhaltensauffälligkeiten, wenn sie nicht verstanden werden. Auch wenn ein Kind die Aufforderungen der Erwachsenen nicht versteht, können hieraus Probleme erwachsen. Die Eltern interpretieren vielleicht, daß sich das Kind bockig anstellt und nicht will, obwohl es in Wirklichkeit gar nicht verstanden hat, was es tun soll. Deshalb wird in diesem Buch auch geschildert, wie man am besten mit sprachauffälligen Kindern umgeht.

Einen breiten Raum nehmen schließlich Spiele ein, die – überwiegend ohne großen materiellen Aufwand – Spaß machen und die sprachlichen Fertigkeiten auf verschiedenen Ebenen und in verschiedenen Entwicklungsphasen fördern.

So ist dieses Buch nicht nur für Eltern gedacht, deren Kind unter einer Sprachentwicklungsverzögerung leidet, sondern für alle Erzieherinnen und Eltern, die die Sprachentwicklung der ihnen anvertrauten Kinder positiv beeinflussen möchten.

Mehr Wissen über die Sprachentwicklung trägt dazu bei, mit dem Kind in besserer Weise umzugehen, ihm eine »sprachfördernde« Umgebung zu schaffen.

Mainz, im Frühjahr 1998
Dr. Annerose Keilmann

# Die Sprachentwicklung

1 KAPITEL

## *Allgemeine Voraussetzungen*

Die normale Entwicklung der Sprache setzt die richtige Funktion verschiedener Systeme voraus. Dazu zählen die Planung im Gehirn, die Atmung, die Stimme, die Lautbildung (Artikulation), das Gehör und die zentrale Verarbeitung des Gehörten.

Ebenso wichtig wie die genannten organischen Voraussetzungen – einschließlich einer angeborenen Begabung des Menschen, Sprache zu erwerben – sind die Bedingungen, unter denen ein Kind aufwächst: Es braucht ausreichend Wärme und genügend Akzeptanz von Menschen, die ihm Sprachvorbild und Gesprächspartner sind.

### Steuerung durch das Gehirn

Verschiedene Teile des Gehirns arbeiten auf eine bis heute nicht vollständig bekannte Art und Weise zusammen, um den Inhalt der geplanten Äußerung in einem Satz zu formulieren und dann alle Ausführungsorgane wie Lunge, Kehlkopf, Gaumen, Zunge und Lippen koordiniert anzusteuern. Besonders beim Erlernen der Sprache ist dabei die Kontrolle über das Ohr von großer Bedeutung. Während des Spracherwerbs entwickelt sich das Gehirn auch weiter.

**Wichtig**

Die normale Entwicklung der für die Steuerung der Sprache zuständigen Zentren im Gehirn ist nur möglich, wenn Sprache kontinuierlich geübt wird.

Das Erlernen bestimmter Fähigkeiten ist in bestimmten Altersstufen leichter möglich. Kleinkinder, die in Bayern aufwachsen, lernen meist ohne sichtliche Probleme das Zungen-R, solche, die in Südbaden aufwachsen, das Rachen-R und chinesische Kinder weder das eine noch das andere. Versuchen Erwachsene, ihnen unbekannte Laute zu erlernen, stoßen sie meist auf Schwierigkeiten. Auch den Wortschatz und die Grammatik der ersten oder einer zweiten Sprache kann man im Kindesalter sehr viel leichter erlernen als später.

## Atmung

Die Atmung ist Voraussetzung für die Lauterzeugung.

Die Atmung dient nicht nur der Versorgung des Körpers mit Sauerstoff und der Entsorgung des Kohlendioxids; sie wird beim Menschen und bei vielen höher entwickelten Tierarten auch zur **Lauterzeugung** eingesetzt. Die Luft wird aus der Lunge mit Hilfe der Zwischenrippenmuskeln und des Zwerchfells über die Luftröhre in den Kehlkopf gedrückt, wo sie die Stimmlippen in Schwingungen versetzt.

Gesunde Säuglinge nutzen die erste Atemluft nach der Geburt zum ersten Schrei, der ersten stimmlichen Äußerung des Menschen. Ohne kräftige Atmung ist auch später die Stimme oft leise, und die Sprache bleibt undeutlich; eine gute Atemfunktion ist für die Sprachentwicklung von großer Bedeutung.

## Stimme

Die Stimmlippen im Kehlkopf erzeugen die Stimme.

Die Stimme wird folgendermaßen gebildet: Die Stimmlippen im Kehlkopf werden in eine der Lautstärke und Tonhöhe entsprechende Länge und Spannung gebracht, zusammengeführt und dann durch den Luftstrom aus der Lunge in Schwingungen versetzt. Ohne funktionstüchtige Stimmlippen kann nur geflüstert werden. Bei Kindern, die keine Stimme bilden können, etwa weil der Kehlkopf gelähmt oder für Luft nicht passierbar ist, kann sich die Sprache nicht normal entwickeln. Der Kehlkopf des Säuglings mit seinen schmalen und kurzen Stimmlippen erzeugt eine hohe Stimme. Mit dem Wachstum des Kehlkopfes erweitert sich der Tonumfang, und die Stimme wird voller und leistungsfähiger. In der Pubertät wächst der Kehlkopf rascher: Bei Jungen sinkt die Stimmlage etwa um eine Oktave, bei Mädchen etwa um eine Terz ab; nach einer Phase mit wechselndem Stimmklang (»Stimmbruch«) erreicht sie die Eigenschaften der erwachsenen Stimme.

## Artikulationsorgane

Der vom Kehlkopf gebildete Ton wird von den Artikulationsorganen in bestimmte Laute umgesetzt. Durch die unterschiedlichen Einstellungen des Kiefers, der Zunge, des Gaumens und der Lippen werden die verschiedenen **Vokale,** durch Bildung von Engstellen im Mund- und Rachenraum die meisten **Konsonanten** geformt. Wichtige Voraussetzungen für die Sprachentwicklung sind dementsprechend eine normale Form und Funktion dieser Organe. Formabweichungen wie eine Gaumenspalte oder Lähmungen, zum Beispiel der Lippe, behindern die Sprachentwicklung. Die Artikulationsbewegungen erfordern sehr präzise Bewegungsabläufe, die von jedem Kind lange geübt werden müssen.

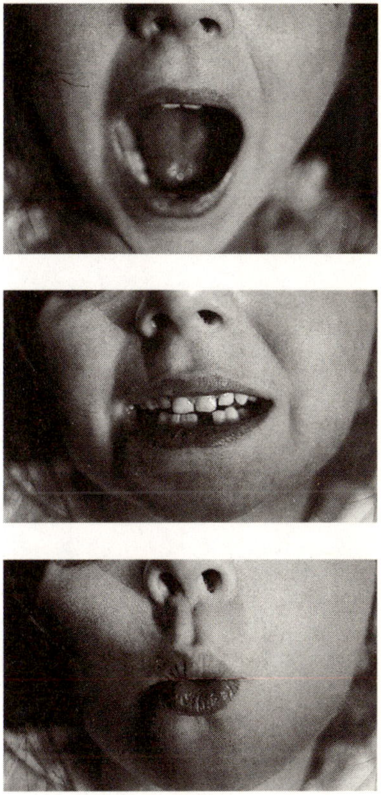

*Die Lautbildung (oben: [a], Mitte: [i], unten: [u]) erfordert die Beherrschung zahlreicher Bewegungsmuster von Kiefer, Lippen, Gaumen und Zunge.*

Vorübungen für die Bewegungsmuster zur Lautbildung sind grundlegende Funktionen wie Saugen, Schmatzen und Schlucken. Die richtige Bildung der Laute wird im normalen Spracherwerb vorwiegend über das Gehör kontrolliert. Mit zunehmender Übung entwickelt der Sprechende dann auch die Kontrolle über die Eigenwahrnehmung von Lage, Spannungen und Bewegungen in den lautbildenden Organen. Die meisten Kinder benutzen zuerst nur einfache Vokale und Konsonanten, die sie mit den Lippen bilden. Die schwierigeren Laute, die weiter hinten gebildet werden, lernen Kinder meist später. Lautbildungsfehler betreffen häufiger die später erlernten Laute.

## Gehör und Hörbahn

Ohne gutes Gehör kann sich keine Sprache entwickeln.

Wichtigste Kontrollinstanzen für die Sprache sind das Gehör und die Hörbahn, also die Stationen im Gehirn, die das Gehörte verarbeiten. Hochgradig schwerhörige und taube Kinder bleiben ohne Hilfe stumm, was in dem Wort »taubstumm« zum Ausdruck kommt.

Aber nicht nur solche ausgeprägten Hörstörungen gefährden die Sprachentwicklung. Schon geringgradige Hörstörungen, bei denen ältere Patienten auch ohne Hörgerät auszukommen glauben, sind der Sprachentwicklung abträglich.

Kinder im Kindergartenalter leiden sehr häufig unter Mittelohrentzündungen und (schmerzlosen) Mittelohrergüssen (Sekretansammlungen hinter dem Trommelfell). Der Schall, der durch den Gehörgang aufs Trommelfell gelangt, kann durch den Mittelohrerguß nicht regelgerecht an das Innenohr weitergeleitet werden; er erreicht das Innenohr nur gedämpft.

Verschiedene Untersuchungen zeigten, daß Kinder, die Probleme in der Sprachentwicklung hatten, häufiger unter Mittelohrproblemen litten. Tests an Kindern im Grundschulalter konnten weiterhin belegen, daß durch eine lange bestehende Schalleitungsschwerhörigkeit auch Probleme bei der zentralen Verarbeitung der gehörten Information entstehen können.

## Sehen

Sehen unterstützt die Sprachwahrnehmung.

Gegenüber dem Hören spielt das Sehen für die Sprache eine untergeordnete Rolle. Trotzdem entwickeln nicht wenige sehbehinderte Kinder Lautbildungsfehler, weil sie das Mundbild der Laute nicht absehen können, und einen eingeschränkten Wortschatz, weil sie die zu benennenden Dinge nicht sehen können und dadurch Schwierigkeiten in der Begriffsbildung auftreten.

## Grob- und Feinmotorik

Die zielgerichteten Mund- und Zungenbewegungen, die für die korrekte Stimmgebung und Artikulation nötig sind, erfordern eine feine Abstimmung der unterschiedlichen Muskelgruppen aufeinander. Das Erlernen dieser sehr präzisen Bewegungen setzt ein Training der gesamten Muskulatur voraus. Grob- und Feinmotorik müssen sich regelrecht entwickeln.

**Beachten Sie**

Zur Übung der Grobmotorik bewegen sich Säuglinge ständig. Sie zappeln, strampeln, drehen sich, ziehen sich hoch, krabbeln. Sie entwickeln dadurch Kraft und Beweglichkeit und verbessern ihre Körperkoordination.

Als feinmotorische Übungen können das Greifen und Umfassen von Gegenständen gewertet werden. Kinder berühren und bewegen Gegenstände in ihrer Umgebung. Dinge und Körperteile, die sich dafür eignen, werden auch mit dem Mund erforscht. So macht das Kind Erfahrungen über seine Umwelt und erreicht eine immer bessere Koordination der beteiligten Muskulatur.

*Kleinkinder erfahren Gegenstände durch Betasten und In-den-Mund-stecken.*

## Tastsinn

Auch der Tastsinn unterstützt den Spracherwerb.

Gleichzeitig lernen Kinder die Verarbeitung von Tastinformationen über Gegenstände der Umgebung und den eigenen Körper. Eine Puppe fühlt sich vielleicht weich an und hat eine rauhe Oberfläche. Eine Tasse kann warm und glatt sein. Auch die Bewegungen des eigenen Körpers werden über Meßfühler (Propriorezeptoren) registriert. Die Spannung in der Zunge, wenn sie sich zur Oberlippe hin streckt, die Vibrationen beim Gurgeln oder das Gefühl beim Schlucken einer kühlen Flüssigkeit erweitern die Erfahrungen mit dem eigenen Körper.

## Sensorische Integration

Der Spracherwerb basiert auf dem Zusammenwirken vielfältiger Informationen.

Für die Entwicklung der Sprache ist nicht nur die Entwicklung der einzelnen aufgezählten Sinnesbereiche (Hören, Tasten, Sehen) wichtig, sondern auch, daß das Kind lernt, diese verschiedenen Informationen zu verknüpfen. Die Kontrolle über das Ohr erlaubt es dem Kind, die richtige Abfolge von Bewegungen der Artikulationsorgane zur Erzeugung eines Lautes einzuschleifen. Die optische Information über den Ball und die Tastinformationen (rund, glatt) werden mit dem gehörten Begriff »Ball« in Verbindung gebracht.

Zu optischen Informationen wie »länglich, krumm, gelbe Schale und weißes Fruchtfleisch«, den Tastempfindungen »weich, läßt sich mit dem Finger oder der Zunge zerdrücken«, der Geschmacksempfindung »süß« kommen der typische Geruch und die akustische Information des Wortes hinzu: Der Begriff »Banane« ist definiert.

Diese Verknüpfung von Informationen aus verschiedenen Sinnesbereichen nennt man **sensorische Integration**. Sie bildet eine wichtige Grundlage für den regelrechten Spracherwerb.

## »Nestwärme«

Nicht zuletzt ist eine wichtige Voraussetzung der Sprachentwicklung eine liebevolle Umgebung, in der das Kind aufwächst. Das Kind braucht die Wärme und Liebe seiner Eltern und anderer Bezugspersonen. In einer Umgebung, in der sich das Kind wohlfühlt, wird es die sprachliche Kommunikation am besten erlernen. Unabdingbar sind Menschen, die mit dem Kind sprechen. Kinder, die zu wenig oder nur fehlerhafte Sprache hören, können Sprache nicht richtig erlernen.

## *Wie entwickelt sich die Sprache?*

Der Spracherwerb ist ein komplexer Vorgang, der viele Ebenen umfaßt und sich über lange Zeit erstreckt. Die wesentlichen Schritte werden im folgenden erläutert.

### Sprache

**Vor der Geburt**

Die Grundlagen für die Bildung der Sprache werden schon vor der Geburt gelegt. Der Embryo übt die Muskeln zur Erzeugung von Sprachlauten, zum Beispiel durch Trinken von Fruchtwasser, und ist schon etwa ab der zweiten Schwangerschaftshälfte in der Lage zu hören. Während man noch Anfang unseres Jahrhunderts glaubte, daß Neugeborene taub sind, wie dies bei vielen Tierarten der Fall ist, konnten beim Menschen schon in der 24. Schwangerschaftswoche Reaktionen auf akustische Reize in Ultraschalluntersuchungen gesehen werden. Bei Frühgeborenen aus der 25. Schwangerschaftswoche konnten akustisch hervorgerufene Potentiale abgeleitet werden, das bedeutet, die Hirnströme zeigten eine Antwort auf einen akustischen Reiz. Diese akustischen Erfahrungen, die der Mensch vor der Geburt macht, spielen für die normale Entwicklung eine wichtige Rolle. Es gibt Belege dafür, daß sich Neugeborene an Schall erinnern, den sie vor der Geburt gehört hatten.

Der Embryo kann ab dem 6. Schwangerschaftsmonat hören und die Muskeln seiner Sprechwerkzeuge üben.

**Im 1. Jahr**

Bei der ersten Lautäußerung des Neugeborenen, dem Neugeborenenschrei, handelt es sich um keine gewollte Mitteilung, sondern um einen Reflexschrei, der aber Reaktionen der Um

Das Neugeborene meldet sich mit einem Schrei.

gebung hervorruft und so doch den Beginn der Kommunikation darstellt. Der Neugeborenenschrei liegt meist um den Ton a1 (440 Hz) und hat den Charakter eines Vokals, am ehesten ähnlich einem [a].

**Lust- und Unlustschrei**

Ab dem Alter von 3 oder 4 Wochen können Erwachsene Lust- und Unlustschreie des Säuglings unterscheiden. Der Säugling schreit also in unterschiedlicher Weise, je nachdem, ob er sich wohlfühlt oder Mißbehagen ausdrücken möchte. Viele Eltern können unterscheiden, ob das Schreien Hunger, Schmerz oder Langeweile bedeuten soll.

**Gurrlaute**

Etwa ab der 6. Woche produziert der Säugling auch Konsonanten, man spricht auch von Gurrlauten (beispielsweise erre, gurr). Diese Laute werden überwiegend im Rachen gebildet.

**1. Lallphase**

In diesem Stadium produzieren alle Babys der Welt dieselben Laute.

Im Verlauf von Wochen und Monaten kommen immer neue Laute hinzu. In dieser 1. Lallphase produzieren die Säuglinge mit viel Spaß eine große Menge von Lauten, auch solche, die in der Muttersprache nicht vorkommen. In diesem Stadium kann man bei allen Säuglingen der Welt dieselben Laute hören. Säuglinge, die später deutsch lernen, produzieren in diesem Alter auch arabische Rachenlaute; solche, die später als Chinesen große Mühe haben, ein [r] zu sprechen, schaffen es in diesem Stadium mühelos. Allgemein wird diese Phase des Spracherwerbs als Muskeltraining für die Artikulationsorgane angesehen. Die motorische Geschicklichkeit der Artikulationsorgane wird geübt. Tastinformationen sind hier wichtig, die eigene Kontrolle über das Ohr spielt aber noch keine wesentliche Rolle. Das zeigt sich auch daran, daß Kinder mit gravierenden Hörstörungen die 1. Lallphase meist normal durchlaufen.

**2. Lallphase**

In der 2. Lallphase, die bei normaler Entwicklung im 6. bis 8. Monat beginnt, zeigt sich ein Unterschied zwischen normalhörigen und schwerhörigen Kindern. Schwer hörgestörte Kinder verstummen häufig nach der 1. Lallphase. Die normalhörigen Säuglinge werden hingegen auf ihre eigenen Lautproduktionen aufmerksam und spielen unter akustischer Kontrolle mit den Sprechwerkzeugen weiter. Lautbildung und Lautwahrnehmung fördern einander.

Schwerhörige Säuglinge verstummen in dieser Phase.

Charakteristischerweise kommt es zu Silbenketten (mamama, dadada). Wenn Sie die Laute des Säuglings wiederholen und verändern, läßt er sich auch zu weiteren Äußerungen anregen. Einige Untersuchungen deuten an, daß sich die Säuglinge in dieser Phase in der Wahl der Laute dem Lautbestand der Muttersprache annähern. Trotzdem war es in mehreren Experimenten Erwachsenen mit verschiedenen Muttersprachen nicht möglich, die Lautäußerungen von 6 bis 7, 10 bis 11 und sogar 16 bis 17 Monate alten Säuglingen einer bestimmten Muttersprache zuzuordnen.

## Hörvermögen

Auch das Hörvermögen, vor allem die zentralen Leistungen, entwickelt sich im ersten Lebensjahr sehr rasch. Betrachtet man die Leistungen des Ohrs und der unteren Abschnitte der Hörbahn, findet man kaum Unterschiede zwischen Neugeborenen und Erwachsenen. Daher kann das Hörvermögen des Säuglings mit Standardmethoden gut überprüft werden. Heute übliche Untersuchungen sind die Messung von otoakustischen Emissionen und die Hirnstammaudiometrie (siehe auch Seite 53, 90).

**Wichtig**

Wenn Ihr Baby im zweiten Lebenshalbjahr zu plappern aufhört, sollten Sie unbedingt sein Hörvermögen überprüfen lassen.

### Feststellung von Schwerhörigkeit

**Otoakustische Emissionen** (OAE) sind leise Geräusche, die das Innenohr aussendet, wenn es normal funktioniert oder nur eine geringe Schwerhörigkeit vorliegt. Können otoakustische Emissionen eines Ohrs gemessen werden, bedeutet dies, daß keine relevante Schwerhörigkeit vorliegt. Im anderen Fall sind weitere Untersuchungen notwendig, weil die otoakustischen Emissionen keine Aussage über das Ausmaß der Schwerhörigkeit erlauben.

Im Elektroenzephalogramm (EEG) werden die Spannungsschwankungen abgeleitet, die durch die Gehirnaktivität erzeugt werden und auf der Kopfhaut zu registrieren sind. Bei der Hirnstammaudiometrie wird die Veränderung des EEGs durch die Beschallung des Ohres untersucht. Dabei kann man auch das Ausmaß einer bestehenden Schwerhörigkeit feststellen.

**Beachten Sie**

Die normale Funktion des Innenohrs beim Neugeborenen bedeutet aber nicht, daß das Kind auch auf leise Geräusche reagiert. Reaktionen auf akustische Reize sieht man bei Neugeborenen nur, wenn es sich um laute Geräusche handelt, etwa das Zuknallen einer Tür.

Wenn man einen subjektiven Hörtest macht, also die Reflexe oder Reaktionen eines Säuglings auf Töne, Rauschen oder Kinderlieder bei verschiedenen Lautstärken prüft, sind für Neugeborene Lautstärken von 70 bis 90 dB erforderlich. Je älter die Kinder werden, desto geringere Lautstärken sind notwendig, um eine Reaktion auf den Schallreiz hervorzurufen. Dieser Reifungsprozeß verläuft anfangs rasch und bis zum Vorschulalter zunehmend langsamer.

Ein wenige Wochen altes Baby kann die Stimme der Mutter erkennen.

Daß keine Reaktionen auf Schall zu sehen sind, beweist aber nicht, daß Neugeborene die akustische Information nicht verwerten können. Versuche zeigten, daß Säuglinge im Alter von wenigen Wochen eindeutig die Stimme ihrer Mutter von der anderer Frauen unterscheiden konnten. Säuglinge können auch Laute unterscheiden, die sie später nicht mehr differenzieren können. Japanische Säuglinge können [r] und [l] unterscheiden, obwohl diese beiden Laute für erwachsene Japaner gleich klingen. Den Klang des Lautes [r] einerseits und die Stellung von Kiefer, Gaumen, Lippen sowie die Bewegung bei der Produktion des Lautes [r] andererseits bringt der Säugling erst in der weiteren Entwicklung der 2. Lallphase miteinander in Verbindung.

## »Mothering«

Sprechen die Mutter, der Vater, andere Erwachsene oder auch Kinder mit einem Säugling, verwenden sie Sprache anders als sonst; diesen Effekt nennt man »mothering«. Die Sprecher benutzen in der Kommunikation mit dem Säugling einfachere grammatikalische Strukturen und Wörter und heben ihre Stimme an. Untersuchungen zeigten, daß Säuglinge auf Äußerungen, die so gemacht wurden, prompter reagierten, als wenn die Erwachsenen ganz normal sprachen. Offenbar merken sie, daß eine Äußerung für sie bestimmt ist, wenn sie mit den Eigenschaften des »mothering« erfolgt. Diese charakteristische Veränderung der Sprechweise im Umgang mit Säuglingen findet sich übrigens in den verschiedensten Kulturen.

Überall auf der Welt spricht man mit Säuglingen instinktiv in einer vereinfachten Sprache und mit erhöhter Stimmlage.

## Sprachverständnis

Das Verständnis für Sprache entwickelt sich normalerweise im 9. bis 12. Lebensmonat. Das Kind erlebt Situationen, in denen bestimmte Begriffe gesprochen werden. Aus dem Situationsverständnis entwickelt sich dann auch das Verständnis für die Sprache. Wichtige Informationen für die Kinder sind dabei Melodie und Rhythmus der Sprache, zum Beispiel wie etwas gemeint ist. Die Kinder lernen beispielsweise, auf die Frage »Wie groß ist die Juliane?« mit dem Heben eines Armes zu antworten. Die Kinder entwickeln ein Symbolbewußtsein; sie erkennen, daß mit einem bestimmten Begriff etwas Bestimmtes gemeint ist, bringen das Wort »Ball« mit dem Gegenstand Ball in Verbindung. Fragt man das Kind dann »Wo ist der Ball?«,

*Neben dem Inhalt sind auch Melodie und Rhythmus der Sprache wichtig für das Kind.*

ohne selbst hinzuschauen, dann wendet es seinen Kopf zum Ball. Dabei versteht ein Kind am Anfang häufig viel mehr unter einem Ball als wir Erwachsenen, beispielsweise auch Apfel, Erbse, Ei usw. Mit dem Begriff »Mama« können durchaus anfänglich alle weiblichen Wesen benannt werden.

**Das erste Wort**

Das erste Wort ist auch für die Eltern ein großes Ereignis.

Im Alter von 10 bis 12 Monaten sprechen die meisten Kinder ihr erstes Wort; häufig ist es »Mama«, »Papa«, »das«, »da«, »Auto« oder »heiß«. Das erste Wort »Papa« unterscheidet sich vom »papapa« in der 2. Lallperiode dadurch, daß das Kind mit dieser Äußerung wirklich seinen Vater oder zumindest einen Mann oder etwas, was dem Papa gehört, meint.

Die meisten Kinder verwenden für diese ersten Wörter Laute, die leicht zu bilden sind. Dies sind häufig Laute, die im Bereich der Lippen gebildet werden, optisch gut abzulesen sind und deutliche Kontraste bilden, wie offener und enger Mund ([a] gegen [i]) oder Verschlußlaut und Nasal ([p] gegen [m]).

**Einwortsatz**

Nach dem ersten Wort erwerben die Kinder weitere Begriffe. Sie drücken sich meist über etwa sechs Monate in Einwortsätzen aus. Der Satz »Mama« kann dann je nach Situation und Satzmelodie ganz verschiedene Bedeutungen haben:

- »Das ist meine Mama.«
- »Wo ist die Mama?«
- »Ich habe Hunger!«
- »Das ist Mamas Bluse.«

Die meisten Kinder zeigen in diesem Alter große Begeisterung für das Sprechen. Sie sprechen auch gern gehörte Wörter nach. In diesem Alter ist die »Echolalie«, wie man das Nachsprechen ohne genaue Kenntnis des Inhalts nennt, ein normaler Entwicklungsschritt. (Ältere Kinder mit Einschränkungen des Sprachverständnisses benutzen das Nachsprechen auch als Vermeidungsstrategie. Sie versuchen unbewußt zu tarnen, daß sie den Inhalt nicht verstehen konnten.) Besonders stimulierend für Kinder in diesem Alter ist es, wenn sie merken, daß ihre Kommunikation Erfolg zeigt. Das Kind möchte beispielsweise gern einen Apfel, den es gerade sieht. Es verlangt vielleicht »afi«, und wenn man diesen Wunsch versteht und ihm den Apfel gibt, war die Kommunikation erfolgreich. Das Kind freut sich darüber und lernt, wie vorteilhaft sich dieses Verhalten auswirkt.

**Wichtig**

Gehen Sie immer auf die Kommunikationsversuche Ihres Kindes ein. Damit fördern Sie den Spracherwerb in besonderer Weise.

**Zweiwortsatz**

Etwa sechs Monate nach dem ersten Wort beginnen Kinder mit Zweiwortsätzen, durchschnittlich im Alter von 18 Monaten. »Mama Auto« oder »Papa dada« oder »Jenny haben« sind Beispiele für Zweiwortsätze.

Die weitere Entwicklung schreitet in allen Ebenen der Sprache voran, wobei es individuelle Unterschiede gibt. So beherrschen manche Kinder schon mit zwei Jahren alle Laute ihrer Muttersprache, während es bei anderen bis zum 4. Geburtstag dauert, ehe sie alle Zischlaute korrekt einsetzen können.

**Beachten Sie**

Jedes Kind hat sein eigenes Tempo beim Spracherwerb. Die individuellen Unterschiede sind dabei sehr groß.

Ab einem Alter von 18 Monaten erfragen sich die Kinder viele neue Begriffe, man spricht auch vom 1. Fragealter. Durch die »Ist das eine ...?«-Fragen erweitern die Kinder ihren Wortschatz und lernen die Bedeutung der einzelnen Begriffe besser kennen.

## Beurteilung der Sprachentwicklung

Die drei Ebenen der aktiven (gesprochenen) Sprache, die zur Beurteilung der Sprachentwicklung immer untersucht werden sollten, sind:

- der Lautbestand (Artikulation)
- der Wortschatz (Lexikon)
- die Grammatik

### Artikulation

Manche Laute sind besonders schwierig auszusprechen.

Unter dem Lautbestand (Artikulation) versteht man diejenigen Laute und Lautverbindungen, die richtig gebildet werden können (siehe auch Tabelle Seite 25). Die meisten Kinder erlernen zuerst Vokale und die Konsonanten, die im vorderen Mundraum (wie [b], [p], [t], [d]) gebildet werden. Etwas später werden die des hinteren Mundbereichs erworben ([g],[k], [r]). Zuletzt werden schwieriger zu formende Konsonanten (z. B. [w]) und Zischlaute gelernt. Dabei wird derselbe Laut nicht unbedingt gleichzeitig in allen Stellungen im Wort beherrscht, wer »Schiff« sagen kann, kann nicht unbedingt auch »Fisch« sagen. Reibelaute [f, w, ch] und Zischlaute [s, sch] werden meist zuletzt erlernt. Konsonantenverbindungen ([kr], [pfl], [schl]) bereiten Kindern oft am längsten Schwierigkeiten. Sie können dann das Wort »Pflaume« noch nicht richtig aussprechen, obwohl sie die Laute einzeln schon beherrschen wie [p] in »Papa«, [f] in »Feder« und [l] in »Limo«.

**Entwicklung des Lautbestandes**

1. Vokale [a, u, i, e, o]
2. Verschlußlaute der vorderen Artikulationszonen [b, p, d, t] und Nasale [m, n]
3. Verschlußlaute [g, k] und teilweise Reibelaute [ch2 wie in »ach«] der hinteren Artikulationszonen
4. Schwierige Reibelaute [w, f, ch1 wie in »ich«]
5. Zischlaute [s, sch]

**Wortschatz**

Der Wortschatz wächst nach dem 2. Geburtstag sehr rasch.

Der Wortschatz (Lexikon) vergrößert sich anfangs langsam und überschaubar, dann aber bei normaler Entwicklung etwa ab dem 3. Lebensjahr so rasch, daß es kaum noch möglich ist, alle Wörter, die das Kind benutzt, aufzuzählen oder aufzuschreiben. Die beherrschten Wörter werden anfangs nicht immer so wie von Erwachsenen eingesetzt. Die Kinder übergeneralisieren, wenn sie mit dem Wort »wauwau« alle vierbeinigen Tiere bezeichnen, oder sprechen einen Gegenstand nur mit einem Teil des Ganzen an. In dem Maße, in dem der Wortschatz wächst, nähert sich die vom Kind benutzte Bedeutung der der Erwachsenen. Das jeweilige Wort wird also nur noch für eine bestimmte Person, einen bestimmten Sachverhalt oder ein bestimmtes Ding verwandt. Etwa im 3. Lebensjahr erfinden Kinder auch ihre eigenen Vokabeln, wobei die Wortneuschöpfungen für Erwachsene meist verständlich sind, wie »Zugmann« für Schaffner oder »Babyauto« für Kinderwagen.

Anfänglich umfaßt der Wortschatz vor allem Begriffe für konkrete Dinge oder Personen in der Umgebung des Kindes. Dies sind die Namen der Personen in seinem Umfeld und Wörter, die Körperteile, Spielsachen, Nahrungsmittel, Gegenstände für die Körperpflege bezeichnen. Allmählich kommen auch Wörter abstrakteren Inhalts hinzu. Bis zum Alter von 2 1/2 Jahren erlernen die meisten Kinder den Gebrauch des Personalpronomens »ich«. Nach dem 3. Geburtstag kommen vermehrt Arti kel und Präpositionen dazu. Dabei beherrschen die Kinder zuerst räumliche Präpositionen (auf, unter), später erst folgen zeitliche (vorher, nachher).

Der aktive Wortschatz ist über die ganze Entwicklung kleiner als der passive Wortschatz, das heißt, alle Kinder verstehen mehr Wörter, als sie selbst einsetzen. Dieser Unterschied bleibt bis ins Erwachsenenalter erhalten, wie es beispielsweise an Fremdwörtern klar wird.

**Entwicklung des Wortschatzes**

| Alter (Jahre) | Aktiver Wortschatz (nach *Schindler* 1996) | Passiver Wortschatz (nach *Wirth* 1994) |
|---|---|---|
| 0,5–1 | 10–22 | 25 |
| 2 | 50–100 | 250 |
| 3 | 1000 | 1000 |
| 6 | – – – | 2500 |
| 7–8 | 3000 | – – – |
| Erwachsene | – – – | 20 000 – 250 000 |

## Grammatik

Die Aneignung der Grammatik ist ein langwieriger Prozeß.

Unter den grammatikalischen Fähigkeiten versteht man unter anderem die Fähigkeit, Wörter zu beugen (Konjugation, Deklination) und Sätze zu bilden. Die erste grammatikalische Stufe sind die Einwortsätze, wie sie oben beschrieben wurden.

Ab einem Alter von 18 Monaten werden zunehmend Zweiwortsätze gebildet. Schon in diesem Alter treten die ersten Fragesätze (»wo Mama«) und verneinte Sätze (»Papa nicht«) auf. Auch gebeugte Formen (»spielt«) werden, allerdings ungezielt, eingesetzt.

Nach dem 2. Geburtstag werden die Sätze länger, nun kommen Hilfsverben hinzu. Nach dem 3. Geburtstag nähert sich die Satzstellung der Norm, in Fragesätzen werden die Wörter umgedreht (»Inversion«: »Wo ist der Ball?«).

Gegen Ende des 4. Lebensjahres werden immer kompliziertere Satzmuster verwendet. Es werden vermehrt Hauptsätze durch Konjunktionen verbunden und Nebensätze eingesetzt. Im sogenannten 2. Fragealter stellen viele Kinder unzählige Fragen, nicht nur, um Begriffe genauer zu definieren, sondern vor allem, um Zusammenhänge zu verstehen und ihr Wissen von der Welt zu erweitern.

**Entwicklung der Grammatik** (vereinfacht nach *Clahsen*)

| | |
|---|---|
| Phase I (1–1,5 Jahre) | Einwortäußerungen (vor allem Substantive, hinweisende Wörter, Vorsilben, Verneinungen), auch Fragen (durch die entsprechende Satzmelodie) |
| Phase II (1,5–2 Jahre) | Zweiwortäußerungen, zusätzlich Adjektive, Pronomen, erste Beugung von Verben und Substantiven, erste Verneinungen und Fragesätze |
| Phase III (2–2,5 Jahre) | Mehrwortäußerungen, Hilfsverben und Modalverben |
| Phase IV (ab 3 Jahre) | Verbzweitstellung, Inversion zur Fragestellung |
| Phase V (ab 4 Jahren) | Komplizierterer Satzbau mit Nebensätzen |

Bei diesen Altersangaben zum Spracherwerb handelt es sich um grobe Anhaltspunkte. Eine Abweichung um einige Monate muß noch kein Hinweis auf eine Sprachstörung sein. Im Zweifelsfall wenden Sie sich an Ihren Kinderarzt.

**Pragmatische Ebene**

Neben Artikulation, Wortschatz und Grammatik spielt vor allem die pragmatische Ebene eine Rolle. Hierbei geht es darum, ob Sprache situationsgerecht und dem Gesprächspartner angemessen verwendet werden kann. Für diese Ebene gibt es noch keine erprobten Testverfahren. Sprachstörungen, bei denen nur diese Ebene gestört ist, sind wohl auch selten.

**Entwicklungsunflüssigkeit**
Vor allem im 4. Lebensjahr kommt es bei vielen Kindern zu entwicklungsbedingten Sprechunflüssigkeiten. Diese Erscheinung wird auch als »Entwicklungsstottern« oder »physiologisches Stottern« bezeichnet. Die Gedankengänge der Kinder werden komplexer, und die sprachlichen Fähigkeiten reichen nicht immer aus, alles Gedachte in Sprache auszudrücken. Die Kinder wiederholen Wörter und kurze Satzteile, lassen längere Pausen im Satz und dehnen teilweise Laute (Abgrenzung zum Stottern im eigentlichen Sinn siehe Seite 72ff.).

## Förderung im Säuglings- und Kleinkindalter

Kinder, die wenig Sprache hören, erleiden Einbußen in der Sprachentwicklung.

Kinder lernen sprechen, weil andere Menschen mit ihnen sprechen. Die Eltern und andere Personen der Umgebung sprechen schon mit dem Säugling, meist auf eine ganz spezielle Weise (siehe auch »mothering«, Seite 21). Diese sprachlichen Zuwendungen, auf die der Säugling noch nicht mit eigener Sprache reagieren kann, sind eine wichtige Voraussetzung für die Entwicklung der eigenen Sprache. Ein Kind braucht das sprachliche Vorbild und hat viel Sprache gehört, bevor es selbst zu sprechen anfängt. Kinder, die lange unter schlechten Bedingungen aufwachsen (etwa Klinikaufenthalte ohne entsprechende Betreuung) und wenig Sprache hören, erleiden Einbußen in der Sprachentwicklung. Auch Kinder mit stärker eingeschränktem Hörvermögen hören nicht genug Sprache, um sie richtig zu erlernen.

Dies bedeutet freilich nicht, daß Säuglinge und Kleinkinder mit möglichst viel Sprache »überschüttet« werden sollen. Die Sprache sollte nur im kommunikativen Zusammenhang gebraucht werden.

**Wichtig**

Nur wenn der Säugling in einer gesprächsbereiten Umgebung aufwächst und richtig hören kann, kann er seinem Alter gemäß sprechen lernen.

## Natürliche Sprachsituationen schaffen und nutzen

Die erste Form des Dialogs ist die Verstärkung der Silbenketten der 2. Lallphase durch die Eltern. In dieser Phase werden auch Personen, Dinge und Tätigkeiten in der Umgebung des Kindes immer wieder von den Eltern benannt, bis das Kind selbst den Begriff mit dem, was er bezeichnet, in Verbindung bringt.

**Tip**

Benutzen Sie dabei möglichst dieselben Wörter immer wieder, also nicht einmal »Bär«, dann »Teddy«, dann »Brauner«, dann »Petzi«, dann »Kuscheltier«, sondern immer wieder »Bär« oder immer wieder »Teddy«.

Auch bestimmte Eigenschaften und Tätigkeiten bringt das Kind mit den entsprechenden Wörtern in Verbindung, etwa das »An – Aus« einer Lampe oder das »Winke-winke« bei der Verabschiedung.

Aufmerksame Eltern gehen auf das Kind ein und erklären ihm seine Umgebung.

Günstig ist eine Wortwahl, die dem Entwicklungsalter des Kindes entspricht. Die Eltern sollten dabei ruhig und deutlich sprechen. Eltern, die sich selbst gern durch Sprache mitteilen, wecken die natürliche Nachahmungsfreude des Kindes. Säuglinge erleben, wie Menschen sich begegnen und dabei Sprache verwenden. So wächst in den Kindern Neugier und Interesse für die Sprache. Je mehr Sprache dem Kind angeboten wird, desto schneller wird es sie auch aktiv zu beherrschen lernen. Die alltäglichen und die nicht alltäglichen Dinge sollten für das Kind kommentiert werden. Den ganzen Tag über bieten sich genügend Gelegenheiten, dem Kind etwas zu erzählen, zum Beispiel welche Körperteile gewaschen werden, was es anzieht, was gekocht wird oder daß jetzt der Tisch gedeckt wird. Für die kindlichen Äußerungen gilt dabei immer, daß **Sprechfreude** wichtiger ist als Sprechfertigkeit.

## Babysprache – ja oder nein?

Eine immer wieder diskutierte Frage ist die, ob man mit seinem Kind in der Babysprache reden soll oder darf. Sicher gibt es auf diesem Gebiet Übertreibungen, die sich nicht günstig auf die Sprachentwicklung auswirken.

Mit dem Baby sollte man nur in allgemein verständlicher Sprache reden.

Bezeichnungen, die das Kind erfindet und die nicht allgemein verständlich sind, sollten nicht in die Familiensprache aufgenommen werden. Im Dialog sollten die Eltern die Äußerung, in der die Neuschöpfung enthalten ist, aufnehmen und in allgemeinverständliche Worte kleiden, um damit zu zeigen, daß die kindliche Äußerung verstanden wurde und um gleichzeitig die richtige Version anzubieten.

Wenn ein Kind die Schokolade gefunden hat und sagt: »Lala da«, dann sollte die Mutter also nicht mit »Ja, da ist die Lala«, sondern mit »Ja, da ist die Schokolade« antworten. Auch wenn ihr Kind noch in Zwei- oder Dreiwortäußerungen spricht, sollten die Eltern die Sätze normal ausformulieren.

Zu den abzulehnenden **Übertreibungen** gehört auch, alles was an und um das Kind ist, mit Verkleinerungsformen zu bezeichnen: »Jetzt steckt Hänschen das Füßchen in das Mündchen.«

Lautmalerische Begriffe erleichtern die Entwicklung des Symbolbewußtseins.

Vor allem lautmalerische Wörter können im Stadium der ersten Wörter auch von den Eltern eingesetzt werden. Dazu gehören »wauwau« für Hund, »muh« für Kuh oder »ticktack« für die Uhr. Später läßt sich der Wortschatz erweitern, indem man auf das »wauwau da« des Kindes antwortet: »Ja, da ist ein Hund, und der macht wau wau.«

## Kinder mitreden lassen

Kinder sollten sich möglichst oft auf ihrem Niveau am Gespräch in der Familie beteiligen. Sätze wie »Ein Kind spricht nur, wenn es gefragt wird« sollten der Vergangenheit angehören. Je mühevoller die Äußerungen für ein Kind noch sind, desto weniger sollten die »spracherfahrenen« Erwachsenen darauf bestehen, daß es wartet, bis es an die Reihe kommt. Ein Kind, das sich schon leicht ausdrücken kann, muß natürlich auch lernen, die Äußerung des Gesprächspartners abzuwarten und nicht in das Gespräch anderer hineinzureden.

**Allgemein gilt**

Tischgespräche sind eine willkommene Chance, die Erlebnisse des Tages auszutauschen. Der Satz »Bei Tisch wird nicht gesprochen« gehört in eine andere Zeit.

## Telefonieren

Telefonieren erfordert eine gute Sprachbeherrschung.

Normales Telefonieren ist für Kinder am Anfang oft schwierig, sie nicken oder zeigen auf Gegenstände, die der Gesprächspartner nicht sehen kann. Anfangs ist es auch irritierend, daß man seinen Gesprächspartner nicht sieht. Telefonieren zu spielen macht den meisten Kindern Spaß. Dabei kann man zuerst mit Blickkontakt, dann mit Blick zum Rücken und schließlich außerhalb des Blickfelds Telefonverbindungen simulieren.

## Vorsingen und Mitsingen

Singen fördert in besonderer Weise Sprachverständnis und Spracherwerb.

Wenn heute immer weniger Eltern mit ihren Säuglingen und Kleinkindern singen, bedeutet dies einen Verlust für die allgemeine geistige und seelische wie auch für die sprachliche Entwicklung des Kindes. Schließlich sind für Säuglinge Melodie und Rhythmus – auch der gesprochenen Sprache – oft wichtiger als der Inhalt des Satzes. Auch für Erwachsene ist die Art, wie etwas gesagt wird, oft informativer, obwohl wir uns dessen nicht immer bewußt sind. Die »Melodie« des Satzes läßt Rückschlüsse auf das Befinden des Sprechers und seine Absichten zu. So machen vorgesungene Lieder dem Kind nicht nur Spaß, sondern schulen auch sein Ohr für die gesprochene Sprache.

## Blickkontakt

Günstig für den Spracherwerb ist es, dem Kind den Blick auf den Mund zu ermöglichen. Der **Blickkontakt** fördert nicht nur die emotionale Beziehung, sondern erlaubt dem Kind auch, das Mundbild wahrzunehmen. Mimik und Gestik machen eine Äußerung leichter verständlich. Blickkontakt ist auch die deutlichste Möglichkeit, Gesprächsbereitschaft zu zeigen. Indem man ein Kind anschaut, signalisiert man ihm, daß man Interesse hat, mit ihm zu kommunizieren.

*Schauen Sie Ihr Kind beim Sprechen an.*

## Spiele mit dem Mund

Fördern Sie die Tast- und Bewegungsempfindung im Mund.

Spiele, die Tast- und Bewegungsempfindungen im Mund erlauben, fördern ebenfalls die Sprachentwicklung. So ist das **Stillen** wegen der günstigen Auswirkungen auf die Mundmotorik der Flaschennahrung überlegen. Alle erreichbaren Dinge in den Mund zu stecken, um sie tastend und schmeckend zu »erfahren«, kommt der Sprachentwicklung zugute. Lippenflattern, Wangen aufblasen, Pusten und ähnliche Bewegungen fördern ebenfalls die Beweglichkeit der Artikulationsorgane (siehe Seite 13).

Die meisten Kinder imitieren mit wachsender Begeisterung solche Bewegungen, wenn sie ihnen von Erwachsenen vorgemacht werden. Mit Lippenflattern oder Schnalzen lassen sich Dialoge führen, die die späteren sprachlichen Dialoge vorbereiten.

## Beruhigungssauger

Moderne Beruhigungssauger sind eher kiefergerecht und können einem Kind im Zweifelsfall auch leichter wieder abgewöhnt werden als das Daumenlutschen. Trotzdem gefährdet auch der »Schnuller« die Sprachentwicklung, wenn er nicht rechtzeitig abgeschafft wird. Natürlich spielt die Zeit, die der Sauger pro Tag im Einsatz ist, eine entscheidende Rolle. Der »Schnuller« beeinflußt die Mundmotorik und kann zur Verformung des Kiefers führen. Oft beobachtet man eine sehr undeutliche Artikulation, so daß die Kinder, auch wenn man den Sauger einmal kurz wegnimmt, ziemlich unverständlich sind.

Möglichst im 2. Lebensjahr, spätestens am 3. Geburtstag, sollte der »Schnuller« endgültig abgeschafft werden. Der Eintritt in den Kindergarten ist hierfür ein passendes Datum, oder der Nikolaus nimmt dieses Relikt aus Babytagen mit.

*Das übermäßige »Schnullern« behindert die Sprachentwicklung.*

## Finger- und Mundmotorik schulen

Sinneserfahrungen aller Art fördern die Sprachentwicklung.

Kinder sollten unter möglichst natürlichen Bedingungen Erfahrungen mit verschiedenen Sinnen machen; dabei ist es wichtig, daß sie sie miteinander in Verbindung bringen können. Wenn sich die Witterung eignet, bieten Wasserspiele im Freien ein unerschöpfliches Training für die Motorik der Finger, des Mundes, des Hörens und Fühlens. Hallenbäder bieten diese Vergnügungen ganzjährig.

Daß die Feinmotorik im Bereich des Mundes mit der der Finger sehr eng zusammenhängt, wird klar, wenn man ein Kind beobachtet, das etwas Schwieriges ausschneidet. Auch Erwachsene begleiten schwierige Bewegungen der Finger häufig mit Zungenbewegungen (siehe Seite 107).

Auf diese sicher bestehende Verbindung zwischen Finger- und Mundmotorik geht vermutlich die Meinung zurück, daß Linkshänder häufiger Sprachentwicklungsverzögerungen oder Redeflußstörungen entwickeln (siehe Seite 107).

**Beachten Sie**

Linkshändigkeit hat keinen Einfluß auf die Sprachentwicklung. Wissenschaftlichen Untersuchungen zufolge gibt es lediglich Hinweise darauf, daß umerzogene Linkshänder zu Redeflußstörungen neigen.

Schon gegen Ende des 1. Lebensjahres beginnt sich die bevorzugte Händigkeit auszubilden, am 2. Geburtstag kann man sie normalerweise schon feststellen. Mit 5 Jahren ist die Entwicklung in der Regel abgeschlossen. Diese Entwicklung sollten Sie durch Malen, Bauen und Basteln fördern, ohne sie in eine Richtung zu lenken (»Jetzt nimm mal die schöne Hand!«).

## Spielplätze

Gute Spielplätze bieten viele Spiel- und Sprechsituationen.

Spielplätze weisen eine sehr unterschiedliche Qualität auf. Größere Entfaltungsmöglichkeiten als nur eine Schaukel und eine Rutschbahn bieten Häuschen, Kletteranlagen und Sandkästen mit nassem und trockenem Sand. Selbst Sandbaumeister, Ritter oder Verkäufer zu spielen, ist für die Sprachentwicklung von größerem Wert, als sich solche Szenen im Bilderbuch anzuschauen.

## Krabbelgruppe

Auch eine Krabbelgruppe bietet oft Gelegenheit für verschiedenste Erfahrungen in jüngstem Alter. Dort finden Mutter und Kind geeignete Gesprächspartner, und es gibt meist viele verschiedene Anlässe, um miteinander zu kommunizieren.

## Zuhören

Immer wieder gilt: dem Kind zuhören.

Wie beim Lallen ist es auch bei den gezielten Sprachproduktionen des Kindes von großer Wichtigkeit, zuhören zu können. Gerade solange noch nicht jede Äußerung leicht verständlich ist, muß das Kind merken, daß sich seine Gesprächspartner für das Gesagte interessieren und daß es genug Zeit hat, zu Ende zu reden. Die Äußerungen des Kindes können dabei aufgenommen und – eventuell auch modifiziert – wiederholt werden. Wenn das Kind etwas »gesagt« hat, darf es gelobt werden, mit Worten, Gestik oder Mimik.

Andererseits kommt jede Mutter oder jeder Vater einmal in die Situation, wo sie oder er abgespannt und müde ist und nicht wirklich zuhören kann. Dann ist es allemal besser, dies dem Kind zu erklären, als von sich zu verlangen, immer perfekt zu sein und immer zuhören zu können. Kinder erkennen oft ziemlich schnell, daß der Erwachsene nicht wirklich zuhören will und seine Aufmerksamkeit nur vorspielt.

Beim Zuhören schult das Kind seine akustische Aufmerksamkeit.

Zuhören sollte natürlich auch das Kind lernen. Beim Geschichtenerzählen und Vorlesen erweitert sich der Zeitraum, in dem ein Kind konzentriert zuhören kann. Wichtig ist die Möglichkeit, Rückfragen zu stellen. Deshalb ist das normale Vorlesen weit günstiger als das Hören derselben Geschichte aus irgendeinem Apparat.

Im Lauf der Zeit lernt das Kind, abwechselnd die Rolle des Sprechers und die des Zuhörers zu übernehmen (»turn-taking«). Wachsendes Sprachverständnis und die sich entwickelnde aktive Sprache sollten verstärkt werden. Wenn das Kind eine Aufforderung oder Frage richtig verstanden hat, sollten Sie ihm zeigen, daß Sie sich darüber freuen. Wenn es einen Auftrag richtig erfüllt, dann hat es ein Lob verdient. Genauso sollten Kinder eine positive Reaktion auf ihre eigenen Sprachäußerungen erhalten.

### Geräusche erkennen lernen

In vielen Situationen kann das Kind lernen, Geräusche zu differenzieren.

Nutzen Sie alle möglichen Gelegenheiten, damit Ihr Kind lernt, nichtsprachliche Geräusche zu unterscheiden. Ein Kind erkennt beispielsweise das Auto des nach Hause kommenden Vaters am Motorgeräusch. Ist das nicht bemerkenswert? Auch sonst gibt es im Alltag viele Geräusche, auf die man Kinder aufmerksam machen sollte: »Hörst du auch die Waschmaschine, den Hund des Nachbarn, die Flöte deiner Schwester?«

Attraktiv sind für Kinder auch die selbsterzeugten Geräusche mit Rasseln, Trommeln und ähnlichen Instrumenten. Interessante Spiele, wie das Erkennen des jeweiligen Instruments hinter dem Rücken – mal des Kindes, mal der Eltern – sind zur Förderung der akustischen Differenzierung (der Unterscheidung mit dem Ohr) geeignet (siehe auch Seite 113f.).

## *Förderung im Kindergartenalter*

Der Besuch eines Kindergartens wirkt sich bei fast allen Kindern sehr positiv auf die Sprachentwicklung aus. Die Erzieherinnen und noch viel mehr die anderen Kinder beherrschen das Erraten nichtsprachlich geäußerter Wünsche weniger gut als die Eltern und Geschwister. Wenn das Kind etwas Bestimmtes erreichen möchte, bleibt ihm oft nur die Sprache als Verständigungsmittel.

Im Kindergarten bieten sich viele Gelegenheiten zu Spielen, die von Sprache begleitet werden. Die meisten Kinder erleben Sprache im Kindergarten nicht als Anstrengung, sondern als Möglichkeit, sich auszutauschen, Neues zu erfahren, andere zum Mitspielen zu bewegen, die eigenen Interessen durchzusetzen und von anderen als Mitspieler akzeptiert zu werden. Außer der Vermittlung von Normen soll der ideale Kindergarten dem Kind auch Entfaltung und verschiedenste Erfahrungen ermöglichen. Mit der Auswahl des Kindergartens fällen die Eltern für ihr Kind also eine wichtige Entscheidung.

Bei Kindern, die sich sprachlich noch wenig ausdrücken können, und vor allem bei Kindern, die Sprache schlecht verstehen, besteht allerdings die Gefahr, daß sie sich im Kindergarten isolieren; häufig ziehen sie sich in die Puppen- oder Bauecke zurück und beteiligen sich nicht am Gruppengeschehen. Dann muß sorgfältig abgewogen werden, ob der normale (Regel-)Kindergarten für das jeweilige Kind angemessen ist, ob es vielleicht zurückgestellt werden sollte oder ob eine besondere Einrichtung, z. B. ein Förderkindergarten, ein integrativer Kindergarten oder ein Sprachheilkindergarten (siehe auch Seite 94), bessere Voraussetzungen zum Erlernen der Sprache bietet.

**Beachten Sie**

> Wenn bei dem Kind starke sprachliche Defizite bestehen, kann der Besuch eines Sprachheilkindergartens ratsam sein.

## Bewegungserfahrungen

Viele Kinder können sich nur im Kindergarten richtig austoben.

Da viele Kinder in ihrer häuslichen Umgebung wegen der kleinen Wohnung, der wenig toleranten Nachbarn oder des starken Verkehrs ihren Bewegungsdrang nicht stillen können, kommt Kindergärten immer stärker die Aufgabe zu, Möglichkeiten zum Austoben, zur Entwicklung grobmotorischer Fertigkeiten zu bieten.

Mehrere Untersuchungen zeigten, daß Kinder mit Sprachentwicklungsverzögerungen häufiger Störungen in der grobmotorischen Entwicklung (Sitzen, Krabbeln, Laufen, Treppensteigen, Dreiradfahren, Fahrradfahren) aufweisen.

Viele Kinder zeigen schon im Kindergartenalter einen Bewegungsmangel mit entsprechenden grobmotorischen Einschränkungen und dadurch mangelnder Möglichkeit, Neues zu erfahren. Der kindliche Bewegungsdrang ist etwas Positives, er soll unterstützt werden.

## Musikalische Erziehung

Gemeinsam singen macht Spaß.

Lieder, die die Kinder im Kindergarten lernen, wirken sich positiv auf die Merkfähigkeit und das Gefühl für Tonfolgen aus. Lieder, die von Spielhandlungen begleitet werden, erfreuen sich großer Beliebtheit. Die Verbindung von Melodie, Sprache und Pantomime fördert die sensorische Integration.

Noch intensiver wird dies im Rahmen der musikalischen Früherziehung erreicht, die neben den musikalischen Fertigkeiten auch weitere positive Wirkungen zeigt. Ein Schulversuch mit Kindern im Gundschulalter in Berlin ergab, daß zusätzlicher Musikunterricht die Leistungen auch in anderen Fächern, zum Beispiel in Mathematik, anhob.

## Spielerische Förderung der Mundmotorik

Pusten und Blasen lassen sich in vielen Spielen umsetzen.

Die Mundmotorik kann mit verschiedensten Spielen gefördert werden. Kerzen ausblasen, Watteballchen über den Tisch blasen oder Seifenblasen bilden sind Beispiele zur Verbesserung der Motorik der Lippen und des Gaumensegels (siehe auch Seite 109).

Auch in diesem Alter sind **selbstgemachte Erfahrungen** wichtiger als übermittelte. Was ist interessanter: eine Orange im Bilderbuch oder Farbe, Gewicht, Oberflächenstruktur, Geruch und Geschmack einer echten Orange?

## Am wichtigsten: Gesprächssituationen

Im Dialog lernt man Sprache, aber auch das Eingehen auf den Gesprächspartner.

Sprache wächst durch ihren Gebrauch. Deshalb sollten sich Eltern und Erzieherinnen immer wieder Gedanken machen, ob sie günstige Bedingungen für die sprachliche Kommunikation schaffen. Miteinander-Sprechen sollte ein Geben und Nehmen sein, die Rolle des Sprechers und des Zuhörers sollte abwechseln. Befehle, Beschimpfungen und Drohungen sind einem echten Dialog nicht förderlich. Das heißt nicht, daß man nicht anspricht, was einen geärgert hat. Auf die heruntergefallene Glasschüssel kann man mit einer Beschimpfung reagieren oder aber mit einem Satz, der dem Kind die Möglichkeit eröffnet, sich noch dazu zu äußern:

»Du Blödian, mußt du denn immer alles kaputtmachen, aus dir wird ja nie etwas!« Oder: »Ich ärgere mich darüber, daß die Schüssel kaputtgegangen ist. Paß bitte das nächste mal besser auf. Bleib jetzt bitte lieber weg, damit du dich nicht an den Glasscherben verletzt.«

## Rollenspiele

Im Rollenspiel werden neue Erfahrungen durchgespielt.

Kinder lieben es, Rollen zu verteilen. Ein Elternteil spielt dann auch einmal den Schwachen, Ungeschickten, Kleinen. Wenn das Kind zu verstehen gibt, daß es die Rollenverteilung jetzt rückgängig gemacht haben möchte, sollte der Erwachsene damit nicht zögern. Die Gewißheit, daß der Vater wieder der starke Beschützer wird, wenn man ihn braucht, gibt dem Kind Sicherheit und läßt ihm die Freude am Rollenspiel. Im Rollenspiel gibt es reichlich Gelegenheiten, sich sprachlich zu üben, und viele Kinder tun dies so viel unbefangener (siehe Seite 121).

**Wichtig**

Zögern Sie nicht, über mögliche sprachliche Probleme Ihres Kindes mit den Erzieherinnen zu sprechen. Oft können sie die Sprachentwicklung Ihres Kindes gut einschätzen und das Kind im Kindergarten fördern.

2. KAPITEL

# Störungen der Sprachentwicklung

## *Sprachentwicklungsverzögerung*

Wie bereits erwähnt, entwickelt sich die Sprache individuell unterschiedlich, die Übergänge zwischen normaler und verzögerter Entwicklung sind fließend. Die Sprache entwickelt sich auch nicht immer gleich rasch, Phasen der schnellen Entwicklung können mit solchen abwechseln, in denen keine Fortschritte zu erkennen sind. Das, was als normal angesehen werden kann, umfaßt also eine gewisse Bandbreite.

Dennoch gibt es Anhaltspunkte, wie man die Sprachentwicklung beurteilen kann. Es ist wichtig einzuschätzen, ob sich die Sprache bei einem Kind normal entwickelt oder ob eine genauere Untersuchung und eine Behandlung nötig sind.

**Beachten Sie**

Für die Hör- wie für die Sprachentwicklung gibt es Zeiträume (sensible Phasen), in denen bestimmte Fähigkeiten besonders gut erlernt werden können. Danach kann dieselbe Fähigkeit nicht mehr oder nur schwerer erlernt werden.

Im folgenden werden die Meilensteine der Hör- und Sprachentwicklung in bezug auf das Lebensalter des Kindes dargestellt, so daß Sie die Sprachfähigkeiten Ihres Kindes zum jeweiligen Zeitpunkt besser einschätzen können.

**2. Lebensmonat: 1. Lallphase**

Im 2. Lebensmonat sollte ein Kind zu lallen beginnen, also verschiedenste Laute im Sinne eines motorischen Trainings der Artikulationsorgane produzieren (1. Lallphase).

**6.–8. Lebensmonat: 2. Lallphase**

Setzt die 2. Lallphase im 6. bis 8. Lebensmonat nicht ein, sind also keine Silbenverdoppelungen zu hören, und ist das Kind nicht durch andere oder sich selbst stimulierbar, muß das Hörvermögen überprüft werden. Für eine Hörstörung spricht auch, wenn ein Kind sehr visuell orientiert ist, also alles mit den Augen verfolgt.

Reaktionen auf Geräusche sind bei Neugeborenen nur bei hohen Lautstärken zu erwarten, innerhalb von sechs Monaten sinkt die Reaktionsschwelle, so daß sie dann auf Stimmen reagieren, beispielsweise indem sie lächeln oder den Kopf wenden.

**Ende des 1. Lebensjahres: Beginnendes Sprachverständnis**

Gegen Ende des 1. Lebensjahres sollte schon ein gewisses Verständnis für Sprache bestehen, zum Beispiel »Wo ist der Papa?« mit einer entsprechenden Blickwendung beantwortet werden.

Eine große Rolle spielt bei den zu erwartenden Reaktionen auch die akustische Umgebung, in die der Säugling hineingeboren wurde. Dasselbe Geräusch, das bei einem in ruhiger Umgebung aufgewachsenen Säugling eine eindeutige Reaktion hervorruft, lockt beim jüngsten von vier Geschwistern nicht einmal ein Augenzwinkern hervor.

**9.–14. Lebensmonat: Das erste Wort**

Zwischen dem 9. und 14. Lebensmonat spricht das altersgemäß entwickelte Kind sein erstes Wort (Mama, Papa, dada, Auto, da, des). Dieser Zeitpunkt ist sehr wichtig für die Beurteilung der Sprachentwicklung.

**Wichtig**

Spricht ein Kind mit 18 Monaten noch kein einziges Wort und versucht auch nicht, Worte nachzuahmen, sollte das Hörvermögen überprüft werden und eine ärztliche Untersuchung zur Entwicklungsdiagnostik erfolgen.

**2. Geburtstag: Zweiwortsätze**

Bis zum 2. Geburtstag sollte ein Kind mindestens 20 bis 50 Wörter aktiv beherrschen und auch Zweiwortsätze benutzen. Spricht es weniger als 20 Wörter oder nur Einwortsätze, kann

*Zwischen dem 9. und 14. Monat spricht ein Kind das erste Wort.*

man schon von einer Verzögerung der Sprachentwicklung sprechen.

**3. Lebensjahr: Mehrwortsätze**

Bei normaler Entwicklung wächst der Wortschatz im 3. Lebensjahr sehr rasch, bald werden auch längere einfache, aber verständliche Sätze gebildet.

**Wichtig**

Wenn ein Kind bis zum 3. Geburtstag noch keine Mehrwortsätze bildet, weniger als 100 Wörter beherrscht und diese Wörter wegen vieler fehlgebildeter Laute oft unverständlich bleiben, sollte eine ärztliche Untersuchung erfolgen.

Gerade in diesem Alter treten bei vielen Kindern Mittelohrschwerhörigkeiten auf. Da Mittelohrergüsse im allgemeinen nicht schmerzhaft sind, besteht die Gefahr, daß sie unentdeckt bleiben; so verstreichen oft Monate mit eingeschränktem Hörvermögen, in denen sich die Sprache nicht gut entwickeln kann.

**4. Geburtstag: Flüssige Sprachbeherrschung**

Bis zum 4. Geburtstag sollten alle Laute (eventuell mit Ausnahme der Zischlaute) erworben sein, das Kind sollte sich nun in weitgehend korrekten, auch für Fremde verständlichen Sätzen ausdrücken können. Bis zur Einschulung sollten dann alle Laute richtig artikuliert werden können und auch kompliziertere grammatikalische Strukturen wie Nebensatzkonstruktionen sowie die Konjugation und Deklination beherrscht werden. Das Kind sollte kleine Geschichten oder Erlebnisse verständlich erzählen können.

## Überprüfung des Sprachverständnisses

Die Überprüfung des Sprachverständnisses durch einen Logopäden, Sprachheilpädagogen oder Phoniater mit standardisierten Testverfahren gelingt bei den meisten Kindern ab dem 1. Geburtstag.

Die genaue Beurteilung der aktiven Sprache ist bei Kindern von ein oder zwei Jahren in der Untersuchungssituation oft nicht möglich, so daß die professionellen Untersucher auf die Beobachtungen der Eltern angewiesen sind. Bei Kindern im Kindergartenalter ist es hingegen in aller Regel möglich, zuverlässig nicht nur das Sprachverständnis, sondern auch den Lautbestand (die Artikulation), den Wortschatz (das Lexikon) und die Grammatik (Konjugation, Deklination, Satzbau usw.) zu beurteilen (siehe Seite 24ff.). Ergeben sich in drei der vier genannten Bereiche Defizite gegenüber der Altersnorm, sprechen wir von einer Sprachentwicklungsverzögerung. Störungen der Sprachentwicklung, die nur einen oder zwei Bereiche betreffen, beispielsweise nur Lautbildungsfehler, unterscheiden wir hiervon.

**Allgemein gilt**

Von einer Sprachentwicklungsverzögerung spricht man, wenn drei der vier Bereiche Sprachverständnis, Lautbestand, Wortschatz und Grammatik nicht altersentsprechend entwickelt sind.

## *Sprachverständnisstörungen*

Wie wissenschaftliche Untersuchungen zeigen, liegt bei nur wenigen Kindern lediglich eine Einschränkung der aktiven Sprache, also des sprachlichen Ausdrucksvermögens vor; meist ist diese Störung mit einer Einschränkung des Sprachverständnisses kombiniert. Umgekehrt gilt dieser Schluß natürlich auch. Wenn ein Kind Sprache nicht ausreichend versteht, wird es auch in seinen Sprachäußerungen zurückbleiben.

In einer vertrauten Umgebung kann mangelndes Sprachverständnis oft durch Situationsverständnis überspielt werden.

In der täglichen Erfahrung von Phoniatern und Logopäden bestätigt sich die auch in wissenschaftlichen Untersuchungen erhärtete Tatsache, daß Eltern und andere Bezugspersonen die aktiven Sprachäußerungen eines Kindes leichter einschätzen können als sein Sprachverständnis. Viele ratsuchende Eltern haben beobachtet, daß Altersgenossen ihres Kindes sich sprachlich schneller entwickeln, glauben aber, daß ihr Kind alles versteht. Überprüft man das Sprachverständnis dann mit rein sprachlichen Fragen in dafür entwickelten Untersuchungsverfahren, stellt sich oft doch ein Defizit heraus. In diesen Tests soll das Kind auf sprachliche Anforderungen eine bestimmte Spielhandlung ausführen, also beispielsweise ein Tier auswählen oder eine Handlung damit ausführen. Das Kind braucht dabei selbst nicht zu sprechen. Wenn die Eltern einen solchen Test mitverfolgen, wundern sie sich oft, warum ihr Kind diese einfachen Aufforderungen nicht versteht. Zu Hause reagiert dieses Kind doch immer richtig.

Hier liegt der wesentliche Unterschied darin, daß zu Hause und auch im Kindergarten meist ein gutes Situationsverständnis ausreicht, um richtig zu handeln. Wenn der Vater den Tisch gedeckt hat und das Besteck noch fehlt, dann kann ein Kind, das mitdenkt, richtig kombinieren, das fehlende Besteck bemerken und bringen. Auch im Kindergarten sind viele Abläufe bekannt. Wenn die Erzieherin die Kinder zu einem bestimmten Zeitpunkt am Vormittag bittet, die Stühle zum Stuhlkreis aufzubauen, dann kann ein kindergartenerfahrenes Kind auch aus der Handbewegung der Erzieherin die richtigen Schlüsse ziehen.

Andererseits wird es auch in diesem Alter Situationen geben, in denen das Kind die sprachliche Information nicht versteht. Das Nichtverstehen wird dann eventuell auch als Nichtwollen gedeutet, dem Kind geschieht Unrecht.

**Beachten Sie**

Bleibt die Einschränkung des Sprachverständnisses bis ins Schulalter erhalten, ist mit größeren Problemen zu rechnen. In der Schule wird sehr viel mehr rein sprachliche Information angeboten als in früheren Lebensabschnitten. Zu verstehen, was die LehrerIn verlangt, ist offensichtlich von großer Wichtigkeit, das Nichtverstehen könnte als Nichtkönnen oder Nichtwollen mißgedeutet werden. Es besteht die große Gefahr, daß das Kind in seinen Schulleistungen zurückbleibt.

## *Stammeln (Dyslalie)*

Beim Stammeln ist die Lautbildung gestört.

Stammeln kann ein Symptom der Sprachentwicklungsverzögerung sein, tritt aber auch isoliert auf. Kinder, die stammeln, lassen Laute weg, sagen also beispielsweise »ot« statt »rot« oder »gün« statt »grün« oder sie ersetzen einen Laut durch einen anderen Laut, sagen »Sokolade« statt »Schokolade«. Als Ersatzlaut können auch Laute eingesetzt werden, die in der eigenen Muttersprache nicht vorkommen, beispielsweise ein gelispeltes [s] statt des [sch] in Schokolade. Am häufigsten sind die Laute betroffen, die am schwersten zu bilden sind und die gewöhnlich zuletzt erlernt werden.

## Untersuchung der Dyslalie

Der Test mit Bildkärtchen ist genauer als das Nachsprechen von Wörtern.

Die Überprüfung des Lautbestandes erfolgt mit **Bildkärtchen**, die das Kind benennen soll. Besonders beim Nachsprechen, aber auch beim Benennen bilden manche Kinder Laute richtig, die sie in der Spontansprache nicht richtig benutzen. Es kommt vor, daß ein Kind in der gezielten Prüfung fast alle Laute beherrscht und trotzdem in der Spontansprache so viele Laute betroffen sind, daß man es kaum verstehen kann.

Zum 4. Geburtstag beherrschen 75 % der Kinder das [s] und das [g] bzw. [k]. Mit 4 Jahren und 2 Monaten trifft dies auch für [sch] in Verbindungen wie in Schlange oder Schnecke zu. Mit 5 1/2 Jahren beherrschen 90 % aller Kinder das [sch] in Verbindungen. Solche Zahlen sind wichtig für die Beurteilung, ob die Abweichung der Lautbildung von der Standardlautbildung behandelt werden muß. Wichtig ist auch, ob ein Laut immer in gleicher Weise weggelassen oder ersetzt wird (konstante Dyslalie) oder mal richtig, mal falsch oder auf verschiedene Weise falsch gebildet wird (inkonsequente Dyslalie).

**Einteilung der Dyslalie**

- partielle Dyslalie: Wenige Laute sind betroffen (bis zu 3 Laute)
- multiple Dyslalie: Etliche Laute sind betroffen (3 bis 6 Laute)
- universelle Dyslalie: Es sind so viele Laute betroffen, daß das Kind für Fremde und oft auch für die eigene Familie unverständlich spricht

Bei der »Vokalsprache« bildet das Kind keinerlei Konsonanten. Diese sehr schwere Form der Dyslalie tritt praktisch nur im Rahmen einer Sprachentwicklungsverzögerung oder -behinderung auf und ist sehr selten.

## Lispeln

**FALLBEISPIEL**

- Susi hatte viel schneller sprechen gelernt als ihr 2 Jahre älterer Bruder. Schon mit 3 Jahren konnte sie sich recht geschickt ausdrücken, und bei der 4jährigen konnten sich die Eltern vor ihrem Redefluß oft kaum retten. Bei jedem [s] spazierte allerdings Susis Zunge zwischen den Zähnen nach vorn. Ihre Eltern hatten sich an diesen Klang gewöhnt und beunruhigten sich nicht darüber. Schließlich war es sogar so, daß in Susis Kindergartengruppe immer mehr Kinder, die Susi in ihrer Art toll fanden, auch lispelten, obwohl sie das [s] auch schon richtig ausgesprochen hatten. Bei den anderen Kindern verlor sich das Lispeln wieder, nur bei Susi blieb es bestehen.
- Bei der Einschulungsuntersuchung fiel das Lispeln der Amtsärztin auf. Susi hatte aber gerade im Rahmen des Zahnwechsels die Frontzähne verloren; die befragte Logopädin riet, die Therapie erst nach erfolgtem Zahnwechsel zu beginnen. Als die bleibenden Schneidezähne da waren, war das Lispeln wieder vergessen.
- In der Schule kam Susi auch gut zurecht, alle kannten sie mit ihrem Lispeln. Sie spielte immer die Rolle des netten Mädchens. Sobald sie anfing, sich für Jungen zu interessieren, hatte sie allerdings den Eindruck, daß sie von denen nicht ernstgenommen würde. Als sie eines Tages die Nase voll hatte und einen Klassenkameraden fragte, sagte er, daß sie doch endlich einmal mit dem Lispeln aufhören sollte. Plötzlich wurde sich Susi ihres [s]-Fehlers bewußt, aber es war nicht so einfach, sich das abzugewöhnen.
- Der Hausarzt schickte Susi zu einer Hals-Nasen-Ohren-Ärztin. Diese hörte sich Susis Geschichte an und ließ eine Hörprüfung machen. Dabei stellte sich heraus, daß Susi eine Hörschwäche für hohe Töne hatte, ohne daß die weitere Befragung und Untersuchung eine sichere Ursache dafür ausfindig machen konnte. Am ehesten kam noch ein Silvesterknaller, der vor vielen Jahren neben Susi explodiert war, in Frage. Die Ärztin erklärte ihr, daß sie aufgrund ihrer leichten Hörstörung das [s] etwas schlechter hören könne und dies möglicherweise zu ihrem Lispeln geführt habe. Die Hörstörung war aber nicht so ausgeprägt, daß Susi ein Hörgerät brauchte. Sie erhielt ein Rezept

über logopädische Übungen und lernte das neue [s] erfreulich schnell.

- Als sie ein Jahr später ein Vorstellungsgespräch für einen Ausbildungsplatz bei einer Bank führte und die vielen Mitbewerber sah, dachte sie bei sich, daß sie mit ihrem Lispeln wahrscheinlich keine Chance gehabt hätte, weil viele Menschen das Lispeln mit einem einfachen Gemüt verbinden.

Die häufigste Form der Dyslalie ist, wie in unserem Fallbeispiel beschrieben, ein isolierter [s]-Fehler, der auch Lispeln oder Sigmatismus genannt wird. Viele Eltern und Großeltern finden diesen Lautfehler »süß« und unterlassen es deshalb auch, ihr Kind behandeln zu lassen. Aber auch aus diesem Kind wird einmal ein erwachsener Mensch, der ernstgenommen werden möchte. Vielleicht möchte er auch einen Sprechberuf erlernen, bei dem dieser Lautfehler ein Hindernis wäre.

**Beachten Sie**

> Da während des Zahnwechsels eine Therapie der Zischlaute schwierig ist, sollte die Behandlung im letzten Jahr vor der Einschulung durchgeführt werden.

Wie im Fallbeispiel geschildert, kann Lispeln sogar »erlernt« werden, wenn eine dominante Person, ein anderes Kind oder ein Erwachsener lispelt. Dieses Phänomen wird auch »infektiöser« Sigmatismus genannt.

Der [s]-Laut kann auf unterschiedliche Weise falsch gebildet werden. Für die korrekte Bildung des [s] bildet die Zunge eine Rille von hinten nach vorne, durch die die Luft auf die Hinterfläche der oberen Schneidezähne gerichtet wird. Zwischen den Zahnreihen bleibt ein schmaler Spalt offen. Die Zungenspitze kann ohne Kontakt hinter den oberen Schneidezähnen liegen oder sie legt sich an die Rückseite der Unterkieferschneidezähne. Diese letzte Position wird in der Umgangssprache häufiger benutzt und in der Behandlung von [s]-Fehlern angestrebt, weil sie weniger störanfällig ist. Im Gegensatz zu anderen

Sprachlauten läßt der [s]-Laut keine so große Variationsbreite zu, schon kleine Abweichungen werden als Fehler eingestuft.

Man unterscheidet verschiedene Formen von Sigmatismus (Lispeln).

Mit dem Begriff »Sigmatismus interdentalis« meint man das eigentliche Lispeln. Bei der Bildung des Lautes tritt die Zunge zwischen den unteren und den oberen Schneidezähnen hervor. Der Klang wird dadurch unscharf und dumpf, ähnlich dem englischen »th«. Der interdentale Sigmatismus ist optisch und akustisch auffälliger als der addentale Sigmatismus. Beim addentalen Sigmatismus wird die Zunge an die Hinterfläche der Oberkieferschneidezähne gepreßt und die Rillenbildung in der Zunge fehlt. Schwieriger zu behandeln als die beiden genannten Formen des Sigmatismus ist der laterale Sigmatismus, der auch »Hölzeln« genannt wird. Bei diesem [s]-Fehler tritt die Luft seitlich flächig zwischen den Mahlzähnen aus.

Fehlbildungen anderer Laute werden mit Ausdrücken bezeichnet, die jeweils den griechischen Buchstaben für diesen Laut enthalten, also z. B. [sch]-Fehler mit Schetismus, [ch]-Fehler mit Chitismus, [r]-Fehler mit Rhotazismus und [k]-Fehler mit Kappazismus.

## Dysgrammatismus

**FALLBEISPIEL**

- Dominik berichtete: »Ich Kindergarten geht. Frau Kleber sehr lieb ist. Der spielen mit Kinder. Lest vor. Und Stuhlkreis macht. Frau Kleber mit Kinder essen.«
- Dominiks Sprache hatte sich nur langsam entwickelt. Vor einigen Monaten war deswegen auch eine ärztliche Untersuchung erfolgt. Eine Hörstörung konnte ausgeschlossen werden. Was auffiel, war eine fein- und grobmotorische Ungeschicklichkeit. Dominik konnte nicht so gut balancieren und hüpfen wie seine Freunde. Beim Malen im Kindergarten fiel die Stifthaltung auf. Die Eltern hatten schon oft bemerkt, daß ihm viel herunterfiel. Von der Ärztin hatten die Eltern eine Dringlichkeitsbescheinigung für den Kindergarten bekommen, so daß Dominik zwi-

schen den Aufnahmeterminen einen Platz im Kindergarten erhielt. In den ersten 4 Monaten des Kindergartenbesuchs war er schon sehr viel sprechfreudiger geworden. Auffällig waren nun noch seine grammatikalischen Fehler.

➤ Die Eltern stellten Dominik dann mit 3 Jahren und 5 Monaten wieder bei der Ärztin vor. Sie berichteten von Dominiks Fortschritten in den letzten Monaten. Das Hörvermögen war nach wie vor normal. Da Dominik zu dieser Zeit schon eine psychomotorische Behandlung erhielt, schlug die Ärztin vor, mit einer logopädischen Therapie zunächst noch zu warten. Bei der Kontrolluntersuchung 6 Monate später stellte sich dann auch heraus, daß sich Dominiks Sprachleistungen ohne gezielte Therapie fast normalisiert hatten.

Hätte Dominik, wie dies viele Kinder haben, auch Probleme mit der Lautbildung gehabt, hätten seine obigen Ausführungen vielleicht folgendermaßen gelautet:

»Is Tinderdarten deht. Fau Eber sehr lieb is. Der pielen mit Tinder. Lest vor. Und Tuhlteis macht. Fau Eber mit Tinder essen.«

Mit dieser Kombination von Lautbildungsfehlern und nicht altersentsprechender Grammatikbeherrschung wäre Dominik noch schlechter verständlich gewesen.

Kinder mit einem Dysgrammatismus lassen Wörter und Satzteile aus. Das Auslassen von Wörtern (»Mama Hunger«) betrifft seltener Substantive als Verben und Hilfsverben und häufig später erlernte Wortarten wie Artikel und Präpositionen. Kinder mit Dysgrammatismus gebrauchen die Fälle falsch (Deklination) und beugen Verben falsch (Konjugation). Oft wird die Grundform des Verbs, der Infinitiv, statt einer gebeugten Form benutzt (»Papa kochen«) oder die Beugung wird nicht richtig durchgeführt (»du trinke«), was natürlich besonders häufig bei unregelmäßigen Verben der Fall ist (»du eßt«). Auch die Pluralbildung ist im Deutschen oft unregelmäßig und dadurch häufig eine Fehlerquelle (»zwei Fahrrads«). Auffällig ist auch die falsche Stellung der Wörter im Satz, zum Beispiel die Verbendstellung, wie sie für jüngere Kinder noch normal ist. Das Kind stellt dann also das Verb an die letzte Stelle im Satz nach dem Objekt (»ich Sandburg bauen« statt »ich baue eine Sandburg«).

## Sprachentwicklungsbehinderung

Spricht man von Sprachentwicklungsbehinderungen, meint man damit in der Regel, daß eine bleibende Einschränkung vorliegt, beispielsweise im Rahmen einer geistigen Behinderung.

Sprachentwicklungsbehinderungen können durch eine globale Beeinträchtigung der Hirnreifung bedingt sein und mit anderen Behinderungen einhergehen oder durch eine isolierte Störung einer oder mehrerer für die Sprachverarbeitung zuständigen Hirnfunktionen hervorgerufen werden.

Sprachentwicklungsbehinderungen sind meist bleibend und bedürfen einer speziellen Diagnostik.

Deshalb ist bei ausgeprägteren Sprachstörungen, die den Verdacht auf eine Sprachentwicklungsbehinderung erwecken, immer eine umfassende und gründliche Diagnostik – auch durch einen Kinderneurologen – notwendig.

### Ursachen

Die möglichen Ursachen sind sehr vielfältig. Es kommen genetisch bedingte Störungen in Frage, wie Chromosomenstörungen (Down-Syndrom), genauso aber auch Schädigungen im Verlauf der Schwangerschaft, beispielsweise Viruserkrankungen der Mutter (Röteln oder Cytomegalie), Schädigungen im Verlauf der Geburt (etwa durch Sauerstoffmangel) oder auch erst nach der Geburt (zum Beispiel durch eine Hirnhautentzündung).

Stellen sich bei den Untersuchungen verschiedene Funktionsstörungen heraus, zum Beispiel neben der Sprachstörung auch eine zentrale Hörstörung, visuelle Wahrnehmungsstörungen, Konzentrationsstörungen, motorische Unruhe, grob-, fein-

oder graphomotorische Schwierigkeiten oder eine Lern- oder geistige Behinderung, muß in der interdisziplinären Zusammenarbeit zwischen Ärzten (z.B. für Phoniatrie und Pädaudiologie, Kinderheilkunde, Kinder- und Jugendpsychiatrie, Krankengymnasten, Logopäden, Orthopädie, Augenheilkunde), Psychologen, Ergotherapeuten, Heilpädagogen, Sonderpädagogen überlegt werden, welche Förderung für das jeweilige Kind die besten Aussichten verspricht.

Die beste Art der Förderung ändert sich natürlich auch im Verlauf der Entwicklung. Das unkoordinierte Absolvieren einer Vielzahl von Therapien, was für Kind und (meist) Mutter viele Wege und eine hohe zeitliche Inanspruchnahme bedeutet, ist hierfür oft nicht der beste Weg. Die Situation am Wohnort der Familie, die von Fall zu Fall sehr verschieden sein kann, spielt dabei eine entscheidende Rolle. Oft ist die beste Lösung die Aufnahme in einen Sonderkindergarten oder die Integration in einen Regelkindergarten, in dem entsprechende Therapeuten mitarbeiten.

In Kinderzentren können einzelne Therapien besser koordiniert werden.

In den letzten Jahren sind auch vermehrt Kinderzentren gegründet worden, in denen verschiedene diagnostisch und therapeutisch tätige Mitglieder unterschiedlicher Berufsgruppen meist ambulante Untersuchungen und Behandlungen anbieten. In einer solchen Institution fällt die Koordination der einzelnen Therapien leichter, für das Kind fallen weniger Wege an, es ist leichter abzuschätzen, wie viele Therapien dem Kind zugemutet werden können. Nicht zuletzt entlastet die Förderung eines Kindes in einem Sonderkindergarten oder integrativen Kindergarten auch die Eltern.

Der Stellenwert der logopädischen Therapie oder der Arbeit des Sprachheilpädagogen hängt von der Gesamtsituation beim jeweiligen Kind ab. Die Arbeitsbereiche der einzelnen Berufsgruppen überschneiden sich teilweise, etwa die der Logopädie und der Krankengymnastik, wenn es um die Mundmotorik geht, oder die der Ergotherapie und der Logopädie bei der Förderung der akustischen Aufmerksamkeit und der akustischen Differenzierung.

# Wie kommt es zu Störungen in der Sprachentwicklung?

3
KAPITEL

Sprachentwicklungsstörungen können verschiedenste Ursachen haben: körperliche, psychische oder familiär bedingte. Zunächst ist es bei jedem Kind wichtig, die Ursache für seine Sprachprobleme herauszufinden.

## *Hörstörungen*

Die wichtigste und für die betroffenen Kinder schwerwiegendste Ursache von Sprachentwicklungsstörungen sind **Hörstörungen** (siehe auch Seite 63ff.).

Es gibt verschiedene Anzeichen, die auf eine Hörstörung hinweisen.

Außer der Verzögerung der Sprachentwicklung können auch schlechte Hörreaktionen, häufiges Nachfragen, (scheinbare) Konzentrationsschwierigkeiten, Aggressivität ohne besonderen Anlaß, Introvertiertheit, Desinteresse am Gruppengeschehen, eine sehr hohe Stimme, eine wenig ausgeprägte Sprechmelodie und das rasche Reagieren auf Vibrationen (durch einen umfallenden Stuhl oder eine zufallende Tür) Hinweise auf eine bestehende Hörstörung sein.

Wir unterscheiden hierbei vorübergehende von bleibenden Hörstörungen. Letztere sind meist Innenohrhörstörungen. 0,5 bis 1 % aller Kinder sind mittelgradig oder stärker hörgestört.

## Mittelohrschwerhörigkeit

Geringgradige Hörstörungen, meist durch Mittelohrprobleme, sind noch sehr viel häufiger. Mittelohrentzündungen und die

Mittelohrentzündungen verursachen häufig Hörprobleme.

schmerzlosen Mittelohrergüsse (Ansammlung von Flüssigkeit im Mittelohr verhindert eine normale Übertragung von Schall zum Innenohr) treten besonders häufig im Kindergartenalter auf. Fast jedes Kind erlebt bis zum 6. Geburtstag eine Mittelohrentzündung oder einen Paukenerguß, oft bildet sich die Schwerhörigkeit rasch wieder zurück. Nachteile für die Sprachentwicklung sind dann zu erwarten, wenn die Schwerhörigkeit für mehrere Monate im Jahr besteht.

**Wichtig**

Gerade wenn Kinder eine verzögerte Sprachentwicklung zeigen, muß eine Mittelohrschwerhörigkeit konsequent behandelt werden.

Hat die Therapie mit Medikamenten keinen Erfolg, wird eine operative Entfernung der Mittelohrergüsse notwendig, entweder nur ein einmaliges Absaugen des Sekrets über einen Trommelfellschnitt (Parazentese) oder mit der Einlage von Paukenröhrchen, in der Regel kombiniert mit einer Entfernung der Rachenmandel (der »Polypen«). Diese Eingriffe werden bei Kindern in Narkose durchgeführt. Kinder, die Defizite in der Sprachentwicklung aufweisen, sind mehr als andere auf die akustische Information angewiesen. Deshalb sollte bei ihnen nicht mit einer Operation gezögert werden.

## Hörprüfung

Untersuchungen von Kindern, die wegen einer Sprachentwicklungsverzögerung vorgestellt wurden, zeigten bei jedem 2. Kind eine Hörstörung. Deshalb muß bei jedem Kind, bei dem sich die Sprache nicht normal entwickelt, eine Hörprüfung (siehe Seite 19, 20, 90ff.) durchgeführt werden. Bei Kleinkindern und bei in der Entwicklung verzögerten Kindern ist dies oft nicht einfach. Die heute zur Verfügung stehenden Untersuchungsmethoden erlauben aber fast in jedem Fall eine sichere Einschätzung. Zu oft wird bis heute ein unsicheres Ergebnis bei der Hörprüfung mit »schlechter Mitarbeit« abgetan und die Schwerhörigkeit dann erst später entdeckt. Da Mittelohrschwerhörigkeiten auch erst nach einer erstmaligen Hörprüfung auftreten können, genügt ein einmal gut ausgefallener Hörtest nicht, sondern die Hörtests müssen auch wiederholt werden.

**Wichtig**

Hörprüfungen sollten auch bei geringem Verdacht bis zur sicheren Diagnose durchgeführt werden.

Bei bleibenden Hörstörungen muß das Kind rechtzeitig ein Hörgerät bekommen.

Kinder mit hochgradigen Hörstörungen fallen oft auf, wenn sie nach der 1. Lallphase zu verstummen scheinen, statt – wie hörende Kinder – sich mit ihren eigenen Lautproduktionen selbst zu erfeuen und zu stimulieren. Bei Hörstörungen mit einem Hörverlust von mehr als 70 dB entwickelt sich ohne Hörgeräteversorgung und entsprechende pädagogische Förderung keine Sprache. Die Kinder werden »taubstumm«. Geringere Hörstörungen führen zu einer Sprachentwicklungsverzögerung, die um so ausgeprägter ist, je schwerer die Hörstörung ist. Wird die Diagnose einer Schwerhörigkeit rechtzeitig gestellt, können schon Säuglinge im 4. oder 5. Lebensmonat mit Hörgeräten versorgt werden. Sie haben damit ungleich größere Chancen auf einen normalen Spracherwerb, als wenn sie erst im Alter von 2, 3 oder gar 4 Jahren ein Hörgerät erhalten.

## Hörverarbeitungsstörungen

Das Kind kann akustische Informationen nicht adäquat aufnehmen.

Nicht nur eine Hörschwäche, sondern auch andere akustische Beeinträchtigungen können Ursache einer Sprachentwicklungsverzögerung sein, wie beispielsweise die mangelhafte Verarbeitung des Gehörten im Gehirn. Akustische Reize, sowohl sprachliche als auch nichtsprachliche Geräusche, können in diesem Fall nicht richtig unterschieden oder nicht normal behalten werden.

Vergleicht man bei Kindern mit ausgeprägten Sprachentwicklungsstörungen die visuelle und die auditive Merkfähigkeit, so findet man typischerweise erhebliche Unterschiede. Soll das Kind vorgesprochene Zahlenfolgen nachsprechen, gelingt ihm das weit schlechter als seinen Altersgenossen. Legt man ihm eine Reihe von Symbolen vor, die es aus der Erinnerung nachlegen soll, bestehen keine Unterschiede.

### Zentrale Hörstörung

Ein typisches Symptom einer zentralen Schwerhörigkeit ist es, daß es den Betroffenen schwerer fällt, Nutz- von Störschall zu trennen, zum Beispiel Sprache im Lärm zu verstehen. Bekannt ist, daß auch normal entwickelte Kinder einen größeren Signal-Rausch-Abstand brauchen als Erwachsene. Für das Erlernen von Sprache ist es verständlicherweise sehr nachteilig, wenn ein Kind die Äußerungen, die an es gerichtet werden, nicht verstehen kann, weil für sein Hörsystem zu starke Nebengeräusche vorliegen.

Die Diagnose einer solchen zentralen Schwerhörigkeit bei Kindern erfordert aufwendige Untersuchungen und ist in der Regel nur Fachärzten für Phoniatrie und Pädaudiologie möglich. Die meisten dafür notwendigen Tests eignen sich nur für Kinder ab 5 bis 7 Jahren.

## *Andere organische Ursachen*

### Periphere und zentrale Sehstörungen

Auch Sehstörungen können die Sprachentwicklung behindern.

Sehstörungen können die Sprachentwicklung ebenfalls beeinträchtigen. Ihre Bedeutung ist aber sehr viel geringer als die von Hörstörungen. Sie betreffen vor allem die Laute, bei denen das Mundbild eine wichtige Rolle spielt. Außerdem können hochgradige Sehstörungen die Begriffsbildung beeinträchtigen und sich so auf den Wortschatz auswirken.

In ähnlicher Weise können sich visuelle Perzeptionsstörungen, also Störungen der Verarbeitung des Gesehenen, auf die Sprachentwicklung auswirken.

## Gaumenspalten

Veränderungen an den Sprechorganen können zu einer Sprachentwicklungsverzögerung führen. So entwickelte sich früher die Sprache bei den meisten Kindern mit Gaumenspalten nur verzögert, was nicht nur den näselnden Klang, sondern alle Ebenen der aktiven Sprache betraf. Durch die Verbesserung der Operations- und der anderen Behandlungsmethoden ist dies heute weniger häufig. Trotzdem sollte bei diesen Kindern die Sprachentwicklung regelmäßig kontrolliert werden, weil nicht nur die nach der Operation normal aussehende Form, sondern auch die Beweglichkeit und die gefühlsmäßige Nervenversorgung in diesem Bereich für den Spracherwerb wichtig sind (siehe auch Kapitel »Sprachentwicklung bei Lippen-Kiefer-Gaumen-Segelspalten«, Seite 67ff.).

Bei einer Gaumenspalte muß die Sprachentwicklung besonders sorgfältig beobachtet werden.

## Verkürztes Zungenbändchen

Keine Rolle für die Sprachentwicklung spielt hingegen ein verkürztes (»angewachsenes«) Zungenbändchen. Früher wurde das Zungenbändchen oft als Therapie der Sprachentwicklungsverzögerung durchtrennt, »die Zunge gelöst«, was jedoch nachgewiesenermaßen keinen Erfolg verspricht. Wenn andere Funktionen beeinträchtigt sind, vor allem das Ablecken der Oberlippe, kann eine operative Verlängerung des Zungenbändchens durchgeführt werden. Das bloße Durchschneiden führt hingegen oft zu Vernarbungen und damit zu einem noch schlechteren Ergebnis.

Hier ist meist kein operativer Eingriff notwendig.

## Vergrößerte Mandeln

Auch stark vergrößerte Mandeln führen selten allein aufgrund ihres Volumens zu einer Störung der Mundmotorik, so daß sie deswegen entfernt werden müßten. Leidet das Kind hingegen unter ständigen Mandelentzündungen oder Behinderung der Atmung, vor allem nachts, kann über eine Beeinträchtigung der allgemeinen Entwicklung auch die Sprachentwicklung darunter leiden. Hier ist eine Entfernung angebracht.

Hier ist manchmal eine Operation angeraten.

## Gestörte Ansteuerung der Sprechwerkzeuge vom Gehirn

Verschiedene zentrale Störungen der Ansteuerung der Sprechorgane, beispielsweise spastische Lähmungen im Rahmen einer infantilen Cerebralparese, können ebenfalls die Sprachentwicklung verzögern.

## Intelligenzdefizite

Bei einer geistigen Behinderung ist immer mit einer Beeinträchtigung der Sprache zu rechnen.

Kinder mit Lern- oder geistigen Behinderungen erlernen oft auch Sprache verlangsamt. Bei diesen Kindern sind meist die Wahrnehmungs- und Speicherfähigkeit sowie die Symbolbildung beeinträchtigt.

Da die Sprachentwicklung von vielen Faktoren abhängt, von denen die Intelligenz nur einer ist, kann man die sprachliche Leistungsfähigkeit nicht aus der Intelligenz »errechnen«. Im Zweifelsfall und bei jeder gravierenden Sprachentwicklungsverzögerung ist eine Untersuchung durch einen Psychologen notwendig; er wird entsprechende Testverfahren anwenden, um die nonverbale (nichtsprachliche) und die verbale (sprachliche) Intelligenz zu ermitteln.

## Allgemeine Entwicklungsverzögerung

Sprachentwicklungsstörungen im Rahmen allgemeiner Entwicklungsverzögerungen beobachtet man beispielsweise bei Kindern, die als Frühgeborene zur Welt kamen oder unter schweren Krankheiten leiden. Oft läßt sich aber auch trotz sorgfältigster Untersuchungen keine Ursache finden. Man spricht von einer »harmonischen Entwicklungsverzögerung«, wenn alle untersuchten Bereiche wie die Selbständigkeit, die Grobmotorik, die Feinmotorik, das Sprachverständnis und die Sprache gleichermaßen verzögert sind.

Die Förderung eines solchen Kindes muß entsprechend seiner Fähigkeiten und Defizite festgelegt werden, die Behandlung eines Bereichs wirkt sich dann oft positiv auf andere Bereiche aus.

## Familiäre Faktoren

### Familiärer Sprachschwächetypus

Sprachentwicklungsstörungen können auch in Familien gehäuft auftreten, verschiedene genetische Faktoren sind für die Sprachentwicklung relevant. Oft sind in einer Familie mehrere Kinder betroffen, und es wird berichtet, daß beispielsweise der Vater auch spät zu sprechen begonnen habe. Bei etwa 50 bis 75 % der Kinder mit Sprachauffälligkeiten findet sich mindestens ein weiteres Familienmitglied mit einer Störung.

Für vererbbare Faktoren sprechen auch Zwillingsuntersuchungen. Bei zweieiigen Zwillingen ist das Risiko für den anderen Zwilling, auch eine Sprachauffälligkeit zu haben, gleich groß wie bei Geschwisterkindern, es beträgt 25 bis 40 %. Bei eineiigen Zwillingen haben 60 bis 85 % der Zwillingsgeschwister auch eine Sprachauffälligkeit, wenn ein Zwilling betroffen ist.

Das Erscheinungsbild der Sprachentwicklungsverzögerung ist dabei unterschiedlich. Manchmal läuft die Entwicklung lediglich verlangsamt ab, die Kinder erreichen dann mit 5 bis 7 Jahren normale, altersentsprechende sprachliche Fähigkeiten. Oder die Sprachschwäche bleibt lebenslang bestehen. Die Sprecher benutzen hier auch als Erwachsene nur einfache Sätze, verfügen über keinen großen Wortschatz, bleiben ungeschickt im sprachlichen Ausdruck. Oft entwickeln sie auch Probleme beim Lesen und Schreiben.

**Allgemein gilt**

Bei Jungen sind Sprachentwicklungsverzögerungen etwa doppelt so häufig wie bei Mädchen.

### Geschwisterfolge

Auch der Platz in der Geschwisterreihe spielt eine im einzelnen nicht sicher vorauszusagende Rolle für die Sprachentwicklung. Einzelkinder, die sich vorwiegend unter Erwachsenen aufhal

Auch die Geschwisterfolge wirkt sich auf den Spracherwerb aus.

ten, entwickeln zuweilen eine sprachliche Frühreife. Jüngere Geschwister erreichen oft durch das Vorbild der Geschwister und die Anregung durch sie schneller sprachliche Fertigkeiten. Zuletztgeborene Kinder entwickeln statistisch gesehen häufiger als Erstgeborene und Kinder mit einer mittleren Position in der Geschwisterreihe eine Sprachentwicklungsverzögerung. Dies läßt vermuten, daß sich die Eltern nicht mit jedem Kind in ausreichender Weise auseinandersetzen können oder daß die Eltern sich nicht für ein weiteres Kind entscheiden, wenn eine Sprachentwicklungsverzögerung auftritt.

## *Psychosoziale Faktoren*

Der Faktor in der Sprachentwicklung, den Eltern und Erzieher am besten beeinflussen können, sind die Bedingungen, unter denen das Kind sprechen lernt.

**Beachten Sie**

Die Zunahme von Sprachstörungen bei Vorschulkindern ist Experten zufolge auf soziokulturelle und psychosoziale Faktoren zurückzuführen. Sieht man von einem geringen Anstieg der Mittelohrschwerhörigkeiten ab, haben die bis jetzt genannten medizinischen Ursachen von Sprachentwicklungsverzögerungen nicht zugenommen.

### Fehlende Gelegenheit zum Sprechen

Kinder, die vernachlässigt werden und kaum Gesprächspartner finden, können ihre Sprache nur schlecht entwickeln. Diese Vernachlässigung findet sich nicht nur in schlechten Heimen und bei Eltern, deren wirtschaftliche Situation wenig Zeit für die Kinder läßt, sondern allzuoft auch bei Kindern, deren Eltern sich zuviel Freizeitstreß aufbürden. Eine typische Auswirkung dieses Mangels ist beispielsweise der Fernseher oder Gameboy, der als Babysitter eingesetzt wird.

## Überbehütung (»overprotection«)

Aber nicht nur ein Zuwenig an Zuwendung, sondern auch ein Zuviel kann die Sprachentwicklung hemmen. Insbesondere bei nicht berufstätigen Müttern von Einzelkindern soll es vorkommen, daß diese sich darauf spezialisieren, ihrem Kind jeden Wunsch von den Augen abzulesen, so daß das Kind niemals den Mund aufmachen muß, weil es immer alles auch ohne sprachliche Anforderung erreicht.

*Auch ein Zuviel an Zuwendung kann die Sprachentwicklung behindern.*

## Psychische Ursachen

Mehr oder weniger gravierende psychische Probleme können sich ebenfalls in einer Sprachentwicklungsverzögerung niederschlagen. Ein häufiger und meist harmloser Fall sind die Reaktionen auf ein neues Geschwisterchen. Viele »Große« stellen nach anfänglicher Freude über das Geschwisterchen fest, daß dieses neue Familienmitglied viel von der Zuwendung absorbiert, die früher ihm gehörte. Als Reaktion darauf nässen manche schon »trocken« gewesenen Kinder wieder ein, andere fallen in die Babysprache zurück oder entwickeln sich sprachlich nicht weiter. Durch einige neue Regeln im Familienalltag kann hier oft Abhilfe geschaffen werden.

Verschiedenste psychische Ursachen können einer Sprachverzögerung zugrunde liegen.

Dagegen gibt es auch weit schwierigere Familienkonstellationen, in denen die nicht zufriedenstellende Entwicklung der Sprache eine Rolle spielt.

**FALLBEISPIEL**

- Als Tobias ungefähr 2 Jahre alt war, freundete sich sein Vater mit einer anderen Frau an, und er verbrachte immer weniger Zeit in der Familie. Tobias' Mutter wurde zunehmend frustrierter. Sie fühlte sich mit ihrem Kind eingesperrt und isoliert. Der Mutter fiel auf, daß ihr Sohn wesentlich weniger sprach als die gleichaltrige Tochter ihrer Freundin.
- Tobias' Mutter stellte ihn in einer Klinik für Phoniatrie und Pädaudiologie vor. Im Rahmen der ärztlichen Untersuchung wurde eine Hörprüfung durchgeführt, die ein normales Hörvermögen bei Tobias erbrachte. Die Mutter wurde von einer Logopädin beraten, wie sie am besten Tobias' Sprache fördern könne. Eine Therapie wurde noch nicht für notwendig erachtet.
- Für die Angelegenheiten der Familie schien sich Tobias' Vater immer weniger zu interessieren. Es herrschte weitgehende Sprachlosigkeit zwischen den Eltern. Die einzige Ausnahme war Tobias, schließlich war es ihrer beider Kind. Dies führte dazu, daß Tobias' Mutter die Sprachprobleme (eher unbewußt) brauchte, um den Dialog mit ihrem Mann aufrechtzuerhalten. Es konnte ihr also (unbewußt) nur recht sein, wenn Tobias keine sprachlichen Fortschritte machte und dieses Gesprächsthema erhalten blieb.
- Tobias blieb der Konflikt zwischen seinen Eltern nicht verborgen. Er sehnte sich in die frühere Zeit zurück, als die Familie noch in Ordnung war und hatte damit auch keinen Grund, sein Verhalten einschließlich der Sprache zu verändern.

In solch schwierigen Konstellationen reicht eine Sprachbehandlung allein sicher nicht aus. Eine Besserung des Zusammenlebens in der Familie ist hier eine wichtige Grundvoraussetzung für eine erfolgversprechende Therapie. Liegen solche oder ähnliche Konstellationen vor, ist es für alle Beteiligten am günstigsten, professionelle Hilfe in Anspruch zu nehmen, zum Beispiel in einer Erziehungsberatungsstelle.

# Sprachentwicklung bei organischen Störungen

4

KAPITEL

## Hörbehinderungen

Hörstörungen sollten schon bei Neugeborenen erkannt werden.

Häufig verstreicht auch heute noch zu viel Zeit, bis eine Hörstörung erkannt wird. Je später dies erfolgt und je ausgeprägter die Hörstörung ist, desto gravierender sind die Auswirkungen.

Deshalb wäre es wünschenswert, daß jedes Neugeborene auf seine Hörleistung hin untersucht wird. Ein generelles »Hörscreening« ist bis heute nur in einzelnen Regionen verwirklicht. Da solche Untersuchungen relativ aufwendig sind, werden in den meisten Industrienationen nur die Kinder pädaudiologisch untersucht, bei denen Risikofaktoren für eine Hörstörung vorliegen. Dies sind Schwerhörigkeiten in der Verwandtschaft, Komplikationen in der Schwangerschaft, Infektionen oder die Gabe von Medikamenten, die das Gehör schädigen können. Da sich aber nur bei der Hälfte aller schwerhörigen Kinder solche Risikofaktoren finden lassen, sollten alle Kinder, bei denen die Eltern den Verdacht auf eine Schwerhörigkeit haben oder bei denen sich die Sprache nicht regelrecht entwickelt, auf ihr Gehör hin untersucht werden.

### Hörgeräteversorgung

Im Idealfall sollte ein Kind mit einer angeborenen Schwerhörigkeit im Alter von 4 bis 5 Monaten mit Hörgeräten versorgt werden. Dies ist technisch in aller Regel möglich. Je weniger Information dem schwerhörigen Kind verlorengeht, desto eher kann es eine normale Sprachentwicklung erleben.

Mehrere Untersuchungen ergaben, daß bei Kindern mit an Taubheit grenzender Schwerhörigkeit der erste Verdacht im Alter von 13 Monaten auftaucht, die Diagnose im Mittel mit 21 Monaten gestellt wird und die Hörgeräteversorgung mit 25 Monaten erfolgt.

Bei Kindern mit einer mittelgradigen Schwerhörigkeit wird im Mittel in einem Alter von 32 Monaten erstmals der Verdacht auf eine Hörstörung wach, im Alter von 43 Monaten die Diagnose gestellt und im Alter von 47 Monaten erfolgt die Hörgeräteversorgung.

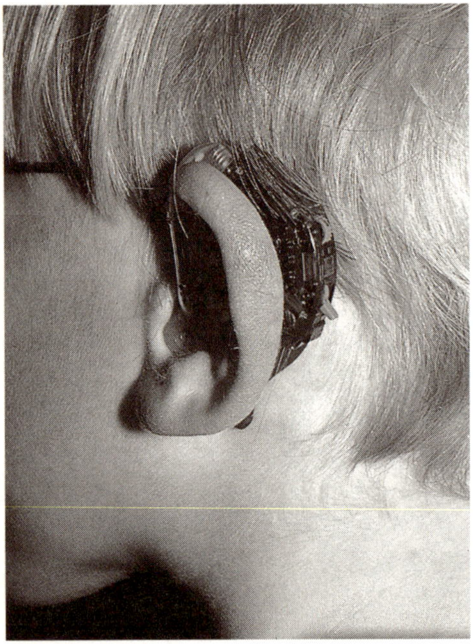

## Verzögerte oder ausbleibende Sprachentwicklung

In der Sprachentwicklung unterscheiden sich schwerhörige und normalhörige Kinder in der 1. Lallphase noch nicht merklich. Trotzdem muß man davon ausgehen, daß auch die in dieser Zeit gehörten Informationen zur Ausreifung der Schallverarbeitung wichtig sind, schwerhörige Kinder also schon Nachteile gegenüber normalhörigen davontragen. Hochgradig schwerhörige und gehörlose Kinder machen keine regelrechte 2. Lallphase durch. Gelegentlich können aufgrund optischer Wahrnehmungen Lautgebilde wie »Mama« oder »Papa« auch bei gehörlosen Kindern beobachtet werden.

*Bei angeborener Schwerhörigkeit sollte das Kind so früh wie möglich ein Hörgerät bekommen.*

Kinder mit einer mittelgradigen Schwerhörigkeit sprechen ihr erstes Wort im Durchschnitt mit 21 und die ersten Mehrwortsätze mit 36 Monaten; sie sind also etwa doppelt so alt wie normalhörige Kinder, wenn sie diese Stufen erreichen. Kinder mit hochgradiger Schwerhörigkeit sprechen das erste Wort im Mittel mit 30 und den ersten Mehrwortsatz mit 70 Monaten.

**Beachten Sie**

Meilensteine der Sprachentwicklung werden bei einer Schwerhörigkeit später erreicht.

Schwerhörige Kinder entwickeln ohne Hörgerät und oft auch trotz erfolgter Hörgeräteversorgung (weil diese spät erfolgte oder die Hörstörung nicht vollkommen ausgleichen kann) eine Sprachentwicklungsverzögerung, die alle Bereiche der Sprache betrifft. Oft sind das Sprachverständnis, das Lexikon, die Grammatik und die Lautbildung betroffen. Die Sprache entwickelt sich nicht regelrecht, weil die Kinder das Angebot an zu hörender Sprache in ihrer Umgebung nicht richtig verwerten können, aber auch, weil die Personen in der Umgebung weniger mit dem Kind sprechen, wenn sie keine Reaktionen von seiten des Kindes erleben. Lautfehler lassen sich oft mit einer bestimmten Schwerhörigkeit in Verbindung bringen.

Schwerhörigkeit im Hochtonbereich führt häufig zu Problemen mit den Zischlauten.

Diese Beeinträchtigungen des Spracherwerbs treten allerdings im Einzelfall in sehr unterschiedlichem Ausmaß auf. Ungünstige familiäre, intellektuelle und pädagogische Bedingungen und andere nicht bekannte Faktoren können dazu führen, daß die Sprachentwicklung bei dem einen Kind sehr viel stärker beeinträchtigt wird als bei einem anderen, obwohl beide dieselbe Hörleistung aufweisen. Oft wird eine gering- oder mittelgradige Schwerhörigkeit bei einem sehr intelligenten Kind erst spät entdeckt, weil dieses Kind die Behinderung gut kompensieren kann. Andererseits kommt es immer wieder vor, daß normal begabte Kinder für minderbegabt gehalten werden, weil sie manches nicht verstehen. Aus diesen Gründen werden bei schwerhörigen Kindern eigens für sie entwickelte nonverbale (nichtsprachliche) Intelligenztests verwendet.

**Wichtig**

Je nach familiärem Hintergrund und Intelligenz des Kindes wirkt sich die Schwerhörigkeit unterschiedlich aus.

### Verhaltensstörungen bei nicht erkannter Hörstörung

Kinder mit Hörstörungen entwickeln oft Verhaltensauffälligkeiten.

Wird die Hörstörung eines Kindes von seiner Umgebung nicht bemerkt, muß es sich immer wieder abgelehnt, ungerecht behandelt und falsch verstanden fühlen. Es nimmt liebevolle Worte und Tröstungen nicht wahr oder versteht sie nicht richtig. Es hört Aufforderungen nicht oder mißversteht sie und wird dadurch als ungehorsam angesehen und ermahnt. Das Kind wird deswegen von den Eltern strenger behandelt, vielleicht auch angeschrieen und bestraft. Viele Kinder entwickeln unter diesen Bedingungen Verhaltensstörungen. Manche ziehen sich zurück, andere entwickeln Wutanfälle. Oft wird so die Eltern-Kind-Beziehung in Mitleidenschaft gezogen.

Erfreulicherweise läßt sich oft beobachten, daß solche Kinder »wie verwandelt« sind, nachdem sie ein Hörgerät bekommen haben. Ihr Verhalten normalisiert sich dadurch, daß die Hörstörung zumindest teilweise kompensiert werden kann; außerdem werden sich die Eltern des Problems bewußt und mißdeuten das Verhalten ihres Kindes nicht mehr so häufig.

### Wahl der Schule

Bei der Entscheidung über die bestmögliche Förderung eines schwerhörigen Kindes – ob es einen Sonder- oder Regelkindergarten besuchen soll, aber auch bei der Einschulung – gehören die sprachlichen Fertigkeiten zu den wichtigsten Kriterien. Kinder, deren Hörstörung früh erkannt und versorgt wurde und die ausreichend Sprache üben und sich damit sprachlich gut entwickeln konnten, sind häufig trotz ihrer Hörstörung in der Lage, eine normale (Regel-)Schule zu besuchen.

## *Störungen der Mundmotorik*

Betrachtet man die komplizierten Bewegungsmuster beim Sprechen und beim Schlucken im Säuglings- und Kindesalter, stellt man fest, daß auch diese Bewegungen einer Entwicklung unterworfen sind. So liegt die Zunge bei Säuglingen beim

Schlucken weiter vorn. Bei manchen Kindern bleiben diese frühen Schluckmuster zu lange erhalten, der Druck der Zunge auf die Zähne ist dann zu groß, häufig entwickeln diese Kinder Zahnfehlstellungen.

**Allgemein gilt**

Ein zu langer Gebrauch von Fläschchen und Beruhigungssaugern wie auch das Daumenlutschen wirken sich negativ auf die Mundmotorik aus.

### Lautbildung

Diese und andere Störungen der Mundmotorik beeinflussen nicht nur Kiefer und Zähne, sondern auch die Lautbildung. Am häufigsten ist das [s] betroffen. Wenn die Störung der Mundmotorik nicht behandelt wird, kann das falsche Bewegungsmuster ein Leben lang bestehen bleiben. Wird die Funktionsstörung der beteiligten Muskulatur nicht beachtet, kann die Therapie der Lautstörung erfolglos bleiben. Eine Therapie der Lautbildung setzt voraus, daß auch das falsche Bewegungsmuster korrigiert wird.

## *Lippen-Kiefer-Gaumen-Segelspalten*

Die Behandlung von Spalten sollte durch ein Spezialistenteam erfolgen.

Spalten gehören zu den häufigsten angeborenen Fehlbildungen. Da durch die Spalte verschiedene Funktionen gestört sein können, sollte die Behandlung immer durch ein Behandlungsteam erfolgen, zu dem neben vielen anderen (zum Beispiel Zahn-Mund-Kiefer-Chirurg, Kieferorthopäde) auch Ärzte für Phoniatrie und Pädaudiologie, HNO-Ärzte und Logopäden gehören.

Durch die Spaltbildung fehlt in unterschiedlichem Ausmaß die für Ernährung, Sprache und Atmung wichtige Trennung zwischen Mund und Nasenraum. Besonders bei Gaumen- und Segelspalten kommt es zu Hör- und Sprachstörungen.

## Mittelohrbelüftungsstörungen

Für eine normale Belüftung des Mittelohrs ist eine gute Funktion der Gaumenmuskeln notwendig. Wenn wir nach einer Talfahrt den Unterdruck im Mittelohr ausgleichen möchten, schlucken wir, und durch den Zug der Gaumenmuskeln öffnet sich die Verbindung von der Nase ins Ohr, die Eustachische Röhre. Bei Kindern mit Spaltbildungen ist diese Funktion beeinträchtigt, oft auch noch nach einer gelungenen Verschlußoperation. Bei diesen Kindern besteht deswegen ein höheres Risiko, Mittelohrschwerhörigkeiten durch Paukenergüsse zu entwickeln. In den meisten Kliniken werden deshalb im Rahmen der Gaumenspaltoperation auch Paukenröhrchen zur Therapie der Mittelohrergüsse gelegt.

## Sprachliche Defizite

Hörleistung und Sprachentwicklung sollten bei diesen Kindern grundsätzlich überprüft werden.

Neben der schlechteren Kontrolle der Sprache über das Ohr leiden Spaltkinder oft unter Artikulationsstörungen. Bestimmte Laute werden fehlgebildet, weil das regelrechte Zusammenspiel von Lippen, Zunge und Gaumensegel gestört ist. Am auffälligsten ist dabei in der Regel das offene Näseln, also das Entweichen von Luft bei der Bildung von Orallauten (siehe auch Seite 69). Oft benutzt die Zunge nicht die richtigen Stellen für die Bildung der Laute. Häufig werden [d] und [t] durch [g] und [k] ersetzt, also zu weit hinten gebildet, oder die Zungenspitze erscheint bei [n] und [l] an der Lippe, der Laut wird also zu weit vorn gebildet. Manche Laute werden auch durch Lautbildungen in der Nase oder im Rachen ersetzt. Aus diesen Gründen sollten die Hörleistung und die Sprachentwicklung bei Spaltkindern grundsätzlich überprüft werden. Dank verbesserter Operationstechniken ist eine logopädische Therapie heute oft nicht notwendig. Liegen aber sprachliche Defizite vor, sollten diese möglichst bis zur Einschulung behoben werden.

5

KAPITEL

# Weitere Stimm-, Sprach- und Sprechstörungen

## *Näseln*

**FALLBEISPIEL**

- Lukas und Marcel sprechen undeutlich; viele Laute sind ziemlich verwaschen, die Vokale klingen dumpf. Fremde verstehen die beiden nur schlecht. Lukas hat außerdem andauernd Infekte, schnarcht, die Nase läuft immer wieder, und er hat schon etliche Mittelohrentzündungen durchgemacht.
- Lukas' Eltern gehen mit ihrem Sohn zum Hals-Nasen-Ohren-Arzt. Dieser stellt mit dem Ohrmikroskop Flüssigkeit hinter den Trommelfellen in beiden Mittelohren (sogenannte Paukenergüsse) fest. Bei einem Hörtest zeigt sich, daß Lukas eine Mittelohrschwerhörigkeit hat. Die Eltern hatten eigentlich eher vermutet, daß Lukas nicht hören will. Bei der Untersuchung von Nase, Nasenrachen und Mund stellt der Arzt eine vergrößerte Rachenmandel (»Polypen«) fest. Er führt verschiedene Näselprüfungen durch. Er überprüft, bei welchen Lauten Luft durch die Nase kommt, indem er einen Spiegel unter die Nasenlöcher hält oder dort abhört. Lukas muß »aaaaaa« sagen, und der Arzt hält seine Nase zu und öffnet sie wieder. Das Gaumensegel (mit dem Zäpfchen) hebt sich normal, wenn Lukas »a« sagt.

**Organisches geschlossenes Näseln**

- Bei Lukas liegt durch die vergrößerte Rachenmandel ein geschlossenes Näseln vor. Der Arzt schlägt den Eltern einen operativen Eingriff vor, der heute häufig ambulant vorgenommen wird: Die vergrößerte Rachenmandel soll entfernt, die Flüssigkeit im Mittelohr (der Paukenerguß) durch einen Schnitt im Trommelfell abgeleitet werden. Der Arzt erklärt, daß Paukenergüsse und vergrößerte Rachenmandel zusammenhängen. Da die Schleimhaut im Mittelohr immer Luft resorbiert (aufsaugt), muß laufend Luft aus dem Nasenrachen über die Eustachische Röhre ins Mittelohr nachfließen. Dies geschieht normalerweise unbewußt beim Schlucken oder Gähnen. Bei Kindern hat die Eustachische Röhre einen engeren Durchmesser. Besonders bei Kindern im Kindergartenalter kommt es vor, daß nicht genügend Luft ins Mittelohr gelangt, entweder weil die Rachenmandel so groß ist, daß sie den Eingang verlegt, oder weil von der Rachenmandel eine Entzündung ausgeht, die zu einer Schwellung der Schleimhaut in der Eustachischen Röhre führt.

- Der Arzt erklärt, daß es auch möglich ist, sogenannte Paukenröhrchen ins Trommelfell zur Belüftung des Mittelohres einzulegen. Bei Lukas soll dies zunächst unterbleiben, da mit der Entfernung der Rachenmandel wahrscheinlich die Ursache der Paukenergüsse beseitigt ist.
- Schon am Nachmittag nach der Operation klingt Lukas' Sprache besser, und er hört nun auch das leiseste Geräusch. Wenige Wochen später sprechen die Erzieherinnen im Kindergarten Lukas' Mutter an. Sie beobachten, daß seine Sprachentwicklung rasche Fortschritte macht, man kann ihn nun sehr gut verstehen, er lernt viele neue Wörter hinzu und bildet immer kompliziertere und richtige Sätze.

Treten trotz der erfolgten Entfernung der vergrößerten Rachenmandel wieder Paukenergüsse auf oder scheint die Rolle der Rachenmandel nicht bedeutend, werden Paukenröhrchen ins Trommelfell gelegt. Diese Paukenröhrchen sehen meist aus wie eine Garnrolle und sind häufig aus Silikon oder Gold; ihr Durchmesser beträgt etwa 2 bis 3 Millimeter. Sie verhindern, daß das Operationsloch im Trommelfell gleich wieder zuheilt. Durch das Paukenröhrchen kann immer Luft fließen und einen Unterdruck im Mittelohr verhindern. Wenn die Paukenröhrchen herausfallen, was meist nach 3 oder 4 Monaten der Fall ist, hat sich die Mittelohrschleimhaut erholt. Das Loch im Trommelfell verschließt sich dann wieder hinter dem Röhrchen von selbst. Bei normaler Mittelohrschleimhaut ist ein neuer Erguß weniger wahrscheinlich.

**FALLBEISPIEL**

- Anders liegen die Dinge bei Marcel. Obwohl seine Sprache ähnlich klingt, stellt der Hals-Nasen-Ohren-Arzt keine vergrößerte Rachenmandel fest. Seine Mittelohren sind ebenfalls in Ordnung. Deshalb überweist der Arzt Marcel zu einer Ärztin für Phoniatrie und Pädaudiologie. Bei der Untersuchung zeigt sich, daß sich Marcels Gaumensegel nur wenig bewegt, wenn er »a« sagt. Bei den Worten »Papa«, »Kakao« oder »Tüte« tritt Luft aus der Nase. Die Ärztin erklärt, daß im Deutschen nur bei den Lauten [m, n, ng] Luft durch die Nase fließen darf. Wenn dies bei anderen Lauten der Fall ist, spricht man von »offenem Näseln«.

**Funktionelles offenes Näseln**

- Bei Marcel liegt ein solches funktionelles offenes Näseln vor. Er ist ein zurückhaltender und nicht sehr sportlicher Typ. Weiter werden eine sonst weitgehend normal entwickelte Sprache und ein normales Hörvermögen festgestellt. Er erhält ein Rezept für eine logopädische Behandlung. Schon bald wird Marcel besser verständlich, nur wenn er sehr müde ist, ist es noch zu hören.

Offenes wie geschlossenes Näseln können organischer Natur sein: beispielsweise führen Spalten oder Lähmungen des Gaumensegels zu offenem Näseln, während geschlossenes Näseln durch Schnupfen oder eine vergrößerte Rachenmandel hervorgerufen werden kann. Beide Formen können auch funktionell sein, das heißt, daß die korrekte Bildung der Laute nur durch eine fehlerhafte Funktion nicht gelingt.

Für die beiden Formen des Näselns gibt es unterschiedliche Behandlungswege.

Offenes und geschlossenes Näseln hören sich sehr ähnlich an, obwohl sie verschiedene Ursachen haben und deshalb auch ganz unterschiedlich behandelt werden müssen. Zur Unterscheidung gibt es verschiedene »Näselprüfungen«, mit denen getestet wird, bei welchen Lauten Luft durch die Nase kommt. Im Deutschen gibt es nur drei Nasallaute, nämlich das [m], das [n] und das [ng]. Bei allen anderen Lauten im Deutschen, den »Orallauten«, verschließt das Gaumensegel den Weg in die Nase, die Luft fließt nur durch den Mund. In manchen deutschen Dialekten ist ein leichter nasaler Klang bei Vokalen normal, etwa im Pfälzischen. Dies muß bei der Einschätzung der Untersuchungsergebnisse berücksichtigt werden.

**Allgemein gilt**

Funktionelle Störungen können meist durch Übungen behoben werden. Bei vielen organischen Ursachen wie einer erheblich verkrümmten Nasenscheidewand oder einer vergrößerten Rachenmandel ist eine Operation angezeigt.

Manche Kinder mit Sprachentwicklungsverzögerungen weisen zusätzlich ein funktionelles offenes Näseln auf. In die logopädische Therapie werden dann Übungen miteinbezogen, mit deren Hilfe das Gaumensegel gekräftigt und besser gesteuert werden kann.

## *Stottern*

### Entwicklungsunflüssigkeiten

»Entwicklungsunflüssigkeiten« kommen bei vielen Kindern vor.

Im 3. oder 4. Lebensjahr treten bei fast allen Kindern Phasen auf, in denen sie manchmal Satzteile, Wörter oder Silben wiederholen. Sätze werden abgebrochen und neu begonnen, oder es entstehen Pausen, die zur Planung des Satzes notwendig sind. Manche Kinder dehnen dafür auch die Anfangslaute. Diese Unsicherheiten sind dadurch bedingt, daß die Gedanken nicht schnell genug in Worte gefaßt werden können. Bei den meisten Kindern ist dies ein normaler, vorübergehender Entwicklungsschritt. Die Eltern sollten diese »Entwicklungsunflüssigkeiten«, die auch als »Entwicklungsstottern« bezeichnet werden, zwar beobachten, sich deswegen aber nicht beunruhigen.

Oft ist auch ein klärendes Wort mit anderen Bezugspersonen notwendig, wenn von deren Seite die Aufforderung kommt, »sich Zeit zu lassen und ganz ruhig zu sprechen«, »sich endlich einmal zu konzentrieren« oder »nicht zu stottern«.

Diese gutgemeinten Aufforderungen bergen die Gefahr in sich, daß das Kind allmählich eine Angst vor dem Sprechen aufbaut. Es wird sich seiner Schwierigkeiten bewußt, versucht besser zu sprechen, aber die Probleme nehmen dadurch noch zu.

Wichtig

Eine phoniatrisch-logopädische Untersuchung ist angezeigt, wenn die Unflüssigkeiten ausgeprägter werden oder über ein halbes Jahr anhalten.

## »Echtes« Stottern«

Im Gegensatz zum Entwicklungsstottern sind beim »echten« Stottern die Wiederholungen häufiger und beziehen sich zum Teil auch auf einzelne Laute. Die Dehnung der Anfangslaute wird länger; diese Phasen dienen nicht mehr zur Planung des Sprechens, sondern es zeigen sich Blockaden oder Phasen des Pressens, das Kind steht unter einer Anspannung.

Unter »klonischem Stottern« versteht man, daß einzelne Laute, Silben und Wörter mehrfach wiederholt werden, beim »tonischen Stottern« kann der Sprechende mit dem Laut nicht beginnen oder dehnt ihn in die Länge.

Das stotternde Kind verkrampft sich, hat Angst und vermeidet das Sprechen schließlich ganz.

Typisch für das Stottern ist auch, daß Hände und Arme, das Gesicht und manchmal der ganze Körper mitbewegt werden. Aufgrund der häufigen Mißerfolgserlebnisse entwickelt das Kind Angst vor der nächsten Äußerung, jedes Sprechen bedeutet eine Anstrengung. Oft treten die Symptome bei bestimmten Wörtern oder Lauten häufiger auf. Das betroffene Kind hat dann Angst vor diesen Lauten und Wörtern und versucht, sie zu vermeiden. Die Angst vor dem Versagen hält das Kind auch oft davon ab, überhaupt etwas zu sagen. Etwa 1 % aller Menschen stottert, etwa 4 % aller Kinder sind betroffen, davon sind drei Viertel Jungen.

Wichtig

Wenn Sie unsicher sind, ob bereits ein Stottern vorliegt, sollten Sie Ihr Kind auf jeden Fall vom Facharzt untersuchen lassen, da eine frühe Therapie bessere Erfolgsaussichten hat.

Handelt es sich um ein Entwicklungsstottern, führt die Gewißheit darüber oft schon zu einer Erleichterung, und Sie können dann entspannter mit Ihrem Kind umgehen. Im Fall des »echten« Stotterns können Sie verschiedene Beratungs- und Behandlungsmöglichkeiten in Anspruch nehmen.

## Stottern und Sprachentwicklungsverzögerung

Liegt bei einem Kind eine Sprachentwicklungsverzögerung zusammen mit Stottern vor, sollte eine logopädische Therapie der Sprachentwicklungsverzögerung erfolgen; dies gilt auch für die Fälle, in denen die Sprachentwicklungsverzögerung nicht so stark ausgeprägt ist. Das Kind wird so in seiner sprachlichen Kompetenz gestärkt; es fällt ihm leichter, mit der Sprache umzugehen, es verliert seine Angst vor dem Sprechen und es wird öfter eine erfolgreiche sprachliche Kommunikation erleben. In der Therapie der Sprachentwicklungsverzögerung muß die Neigung zu Unflüssigkeiten berücksichtigt werden. Die Anforderungen an das Kind sind entsprechend zu gestalten, damit die Probleme nicht durch den bewußten Umgang mit Sprache verstärkt werden.

## Sensibel mit dem Problem umgehen

Achten Sie während der phoniatrisch-logopädischen Untersuchung darauf, daß das Kind bei der Erhebung der Krankheitsgeschichte und der Beratung der Eltern nicht anwesend ist. Wenn das Kind im Gespräch zwischen seinen Eltern und dem Arzt festzustellen glaubt, daß es das größte Problem in der Familie sei, kann sich diese Erkenntnis sehr negativ auf seine Psyche auswirken und die Sprechunflüssigkeiten noch verstärken.

**Soll man mit dem Kind darüber sprechen?**

Ob die Eltern mit ihrem Kind über die Sprechunflüssigkeiten reden sollten, wird von Experten unterschiedlich beurteilt. Bei Kindern, die noch keinen großen Leidensdruck haben, scheint es oft besser, das Thema zu ignorieren. Ist sich das Kind hingegen seiner Sprechunflüssigkeiten bewußt und leidet es darunter, sollte die Sprechunflüssigkeit nicht zum Tabu-Thema erklärt werden. Wenn die Eltern in der richtigen Weise mit ihrem Kind über dieses Thema sprechen können, ist ein solches Gespräch oft entlastend: Das Kind fühlt sich trotz seiner Redeflußstörung akzeptiert und geliebt.

## Ursachen des Stotterns

Meist liegen dem Stottern verschiedene Ursachen zugrunde.

Die Ursachen des Stotterns sind bis heute nicht genau bekannt. Sicher scheint, daß meist mehrere Faktoren im Spiel sind. Eine vererbbare Anlage scheint vorzuliegen, wenn Verwandte ebenfalls Probleme mit dem Redefluß hatten. Häufig führen Eltern das Stottern ihres Kindes auch auf einschneidende Erlebnisse zurück. Bei manchen Patienten beobachtet man ein Stottern nach einem Unfall mit Kopfverletzung.

In jedem Fall spielen psychische Faktoren eine große Rolle, zumindest für die Ausprägung der Störung. Hier liegt auch der Ansatzpunkt für das richtige Verhalten der Eltern und der anderen Personen in der Umgebung des Kindes und die wichtigste Basis für eine erfolgreiche logopädische Therapie.

**Wichtig**

Kinder können ihr Stottern nicht willentlich beeinflussen. Deshalb sollten Sie alle Hinweise wie »Sprich doch ruhiger« oder »Gib dir endlich mal Mühe« vermeiden. Sie verstärken nur die Angst vor dem Sprechen und damit auch das Stottern. Ähnlich wirkt es sich aus, wenn Sie versuchen, mit dem Kind einzelne Wörter gezielt zu üben.

Stottern tritt nur bei wenigen ständig auf; oft verändert es seine Ausprägung ohne ersichtlichen Grund. Häufig hängt die Ausprägung jedoch von den Gesprächspartnern ab oder von der Anzahl der Zuhörer. Im Spiel allein oder mit bestimmten Kindern tritt das Stottern bei manchen gar nicht auf.

**Wichtig**

Stottern ist kein Zeichen für Dummheit, genauso wie Kinder mit einer Sprachentwicklungsverzögerung meist über eine normale Intelligenz verfügen.

Oft sind stotternde Kinder sogar hochbegabt und sensibel. Häufig wird befürchtet, Stottern sei »ansteckend«, weil ein Kind das Stottern seines Freundes imitiert. Solche Erscheinungen halten aber nie lange an, das imitierende Kind verliert meist sehr schnell sein Interesse an dieser Art zu sprechen und spricht bald wieder ganz normal.

## Verhalten der Umgebung

Man muß auf jeden Fall vermeiden, Druck auf das Kind auszuüben.

Sowohl bei Entwicklungsunflüssigkeiten als auch beim Stottern spielt das Verhalten der Eltern und Bezugspersonen eine ganz entscheidende Rolle:

- Konzentrieren Sie sich in jedem Fall auf den Inhalt der Äußerung und nicht auf deren Form.
- Vermitteln Sie dem Kind, daß es Ihnen nichts ausmacht, wenn es beim Sprechen hängenbleibt.
- Wahren Sie immer den Blickkontakt. Weichen Sie nämlich bei jeder Unflüssigkeit mit Ihrem Blick aus, wird dem Kind die Unflüssigkeit als Mißerfolg bewußt.
- Reduzieren Sie so weit wie möglich den Druck für das Kind, richtig zu sprechen, indem Sie ihm genug Zeit zum Sprechen lassen.

Bei alledem reagieren Kinder aber sehr unterschiedlich, die »druckauslösenden« Elemente sind individuell sehr verschieden. Es sind natürlich nicht immer die Eltern, die diesen Druck ausüben, aber sie sind am ehesten in der Lage, die Ursachen herauszufinden und vielleicht gegenzusteuern.

Das unflüssig sprechende Kind muß immer wieder Gelegenheit erhalten, unter günstigen Bedingungen sein Sprechen zu üben. Meist kennen Eltern und Erzieherinnen die Situationen, in denen das Kind wenig oder nicht stottert. Diese Situationen sollen möglichst oft für das Kind herbeigeführt werden. Das Sprechen muß Spaß machen, dann wird es auch eher gelingen und dem Kind damit ein Erfolgserlebnis bereiten.

Fördern Sie das sprachliche Selbstbewußtsein.

Wichtig ist weiterhin die Vorbildfunktion der Eltern. Sehr häufig sprechen Kinder ganz ähnlich wie ihre Eltern. Es gibt Familien, in denen man nie genau weiß, ob man nun mit Mutter oder Tochter, Vater oder Sohn spricht, wenn sich der Gesprächspartner am Telefon nur mit dem Familiennamen meldet. Hierfür mögen natürlich auch vererbte anatomische Ähnlichkeiten der Sprechorgane mit verantwortlich sein; ganz wesentlich ist sicher aber auch, daß Kinder die Art und Weise imitieren, in der die Eltern sprechen. Eltern von Kindern, die zu unflüssigem Sprechen neigen, sollten deshalb herausfinden, wie sie selbst sprechen. Oft ist es günstig, selbst etwas ruhiger und gelassener zu sprechen und das Kind nicht mit einem Redeschwall zu überschütten. In dieser Weise zu reden läßt dem Kind Raum für seine eigenen Äußerungen, die es ohne Druck auch dann zu Ende bringen kann, wenn es sich einmal verhaspelt. Die Spannungen der Eltern werden vom Kind sehr leicht wahrgenommen und verstärken seine Schwierigkeiten.

Eltern haben beim Sprechen Vorbildfunktion.

*Kinder imitieren häufig die Sprechweise ihrer Eltern.*

**Tip**

- Lernen Sie, Ihre eigene Körpersprache wahrzunehmen und gegebenfalls zu verbessern, denn Druck und Spannung werden auch über die Mimik, die Gestik und die Körperhaltung vermittelt. Diese Informationen registrieren Kinder mit Redeflußstörungen sehr genau und reagieren auch auf die so übermittelte Spannung mit Streß und damit einer Verschlechterung des Redeflusses.
- Beziehen Sie in Ihre Bemühungen auch Großeltern, andere Verwandte, Babysitter, Tagesmütter und Erzieherinnen mit ein. Alle Bezugspersonen sollten die Ratschläge beherzigen, damit das Kind möglichst oft günstige Bedingungen für die Kommunikation hat.

Kontaktarmut muß unbedingt verhindert werden.

Wenn irgend möglich, sollten die Eltern einem Kind mit Redeunflüssigkeiten helfen, Freunde zu finden. Je häufiger ein Kind erfährt, daß es von anderen angenommen wird, desto zuversichtlicher wird es im späteren Leben auf andere zugehen und desto leichter wird es ihm fallen, später Freundschaften zu schließen. Ältere Stotternde haben oft Schwierigkeiten bei der Kontaktaufnahme mit anderen Menschen.

Eltern von Kindern, die unter Redeflußstörungen leiden, kennen im Laufe der Zeit die Situationen, in denen das Kind besonders große Schwierigkeiten entwickelt. Wenn es die Umstände erlauben, sollten Sie solche Situationen vermeiden.

Es ist sicher leichter gesagt als getan, aber das wichtigste Ziel bleibt für die Eltern, ruhig mit den Unflüssigkeiten umzugehen, nicht wegzuschauen, nicht ungeduldig zu werden, nicht ergänzend ins Wort zu fallen oder aus lauter Ärger über die Unflüssigkeit den Inhalt nicht wahrzunehmen.

**Unterschiede zwischen Poltern und Stottern**
(nach *Biesalski* und *Frank*, 1994)

| | Stottern | Poltern |
|---|---|---|
| Hauptsymptome | Laut- und Silbenwiederholungen, Dehnungen | hohes Sprechtempo, veränderter Rhythmus |
| Sprechtempo | normal bis langsam | schnell |
| Sprechangst | vorhanden | fehlt |
| Sprechen bei | | |
| – Konzentration | schlechter | besser |
| – Fremdsprachen | schlechter | besser |
| – Alkohol | besser | schlechter |
| Lesen | | |
| – unbekannter Text | schlechter | besser |
| – bekannter Text | besser | schlechter |
| Handschrift | steif, mit Druck | unordentlich |
| Verhalten | verspannt, ichbezogen, besorgt | ungeduldig, sorglos, kameradschaftlich |
| Verlauf | stark wechselnd | gleichbleibend |
| Therapie | psychologisch, ablenkend von Sprache | übend, hinlenkend auf Sprache |

## Poltern

Der Polterer spricht meist überhastet und mit überhöhtem Tempo.

Beim Poltern handelt es sich wie beim Stottern um eine Redeflußstörung, bei der die Gedanken schneller zu kommen scheinen, als sie in Worte gefaßt werden können. Auch Poltern kann in der Sprachentwicklung etwa um den 3. Geburtstag vorkommen, ohne daß dies beunruhigend wäre. Es gibt Mischformen zwischen Poltern und Stottern, bei denen die Stotter- und Polteranteile unterschiedliches Gewicht haben.

Im Gegensatz zum Stotterer leidet der Polterer nicht unter seiner Redeflußstörung. Bei Konzentration kann der Polterer häufig auch völlig normal sprechen. Wenn es darauf ankommt, fällt das Poltern oft nicht mehr auf. Deswegen suchen auch nur wenige Polterer von sich aus einen Arzt oder Logopäden auf. Meist werden sie zur Untersuchung geschickt, und zuweilen kommt es dann vor, daß sie in der Untersuchungssituation keine Symptome zeigen.

Beim Poltern liegt vor allem ein überhastetes und überhöhtes Sprechtempo vor. Laute und Silben werden miteinander verschmolzen, weggelassen, wiederholt oder vertauscht. Auch ganze Satzteile werden wiederholt, weggelassen und umgestellt. Sprachmelodie und -rhythmus weichen von der Norm ab. Die Sprechatmung ist flach, ihr Rhythmus nicht auf das Sprechen abgestimmt. Durch die Veränderung der Sprache und des Sprechens auf allen Ebenen fällt es dem Zuhörer oft schwer, den Inhalt der Äußerung zu verstehen.

**Beachten Sie**

Beim Poltern liegt die Störung nicht im Sprechvorgang selbst, sondern in dessen gedanklicher Vorbereitung. Man geht davon aus, daß dem Poltern eine Störung der Wahrnehmung zeitlicher Abläufe zugrunde liegt.

Polterer gelten als lebhaft bis impulsiv, unkonzentriert und unordentlich. Oft ist auch die Schriftsprache betroffen.

Einem polternden Kind helfen Ratschläge wie »Nun sprich mal schön langsam« meist nur sehr kurzfristig. Sinnvoller ist es, eine ruhigere Atmosphäre für Gespräche zu entwickeln, damit das Kind Zeit für seine Mitteilungen hat. Kommt ein Kind zu Hause kaum zu Wort, dann beeilt es sich mit seiner Mitteilung, verhaspelt sich noch mehr, die Mitteilung wird noch unverständlicher, und die Zuhörer verlieren noch schneller die Lust. Manchmal ist es sinnvoll, ein paar Programmpunkte aus dem Familienstundenplan zu streichen, damit mehr Ruhe einkehrt und das Kind die Tage entspannter durchleben kann.

Schaffen Sie eine ruhige Atmosphäre, in der das Kind Zeit zum Sprechen findet.

## *Mutismus*

**FALLBEISPIEL**

- Kai geht seit einem halben Jahr in den Kindergarten. Er hat eine jüngere Schwester, die 5 Monate alt ist. Seine Mutter hatte bald nach Kais Geburt wieder gearbeitet, Kai wurde von seiner Großmutter betreut. Kai hatte sich in allen Bereichen völlig normal entwickelt; schon bevor er in den Kindergarten kam, konnte er sich sprachlich recht geschickt ausdrücken.
- Im Kindergarten fühlte er sich von Anfang an offenbar nicht wohl. Er sagte kein Wort zu den Erzieherinnen und anderen Kindern. Meistens schaute er auf den Boden. Er wollte sich auch nicht gern von Fremden anfassen lassen, spielte sonst aber im Gruppenleben mit, solange keine sprachliche Äußerung von ihm verlangt wurde.
- Anfangs erklärten sich die Eltern und Erzieherinnen Kais Verhalten mit Anpassungsschwierigkeiten im Kindergarten. Im Verlauf mehrerer Monate wurde aber allen Beteiligten klar, daß etwas nicht stimmen konnte. Kai sprach zu Hause ganz normal und im Kindergarten kein einziges Wort. Wenn Kai von Freunden aus dem Kindergarten zu Hause besucht wurde, sprach er manchmal mit ihnen. Mit den Erzieherinnen sprach er auch dann nicht, wenn er sie auf der Straße traf.
- Die Eltern stellten Kai schließlich bei ihrer Kinderärztin vor. Sie hörte sich die Geschichte an und verwies Kai und seine Eltern an eine Kinderpsychologin. Nach ausführlichen Gesprächen wurde

eine Spieltherapie mit Kai begonnen und regelmäßige Elterngespräche durchgeführt. Neben anderen Faktoren kristallisierte sich schließlich heraus, daß die bevorstehende Geburt der Schwester für Kai aus dem Kindergartenbesuch ein »Abschieben« gemacht hatte. Kai reagierte darauf mit einem »elektiven Mutismus«, also einem psychisch bedingten Schweigen im Kindergarten. Die psychologische Behandlung dauerte ungefähr ein Jahr. In mehreren Schritten vollzog sich die Besserung, schließlich konnte sich Kai im Kindergarten ganz normal verhalten.

*Totales oder zeitweises Schweigen (Mutismus) muß von einem Psychologen behandelt werden.*

**Mutismus** ist eine seltene, aber sehr ernstzunehmende Erkrankung, die möglichst bald psychologisch behandelt werden muß. Dieses psychisch bedingte Schweigen tritt als totaler Mutismus auf, bei dem die betroffenen Kinder überhaupt nichts mehr sagen, oder als teilweiser (elektiver) Mutismus, bei dem die Kinder in bestimmten Bereichen (z.B. zu Hause, in der Schule) oder bestimmten Personen gegenüber schweigen. Mutismus ist oft eine Reaktion auf langandauernde Probleme, beispielsweise in der Familie, tritt aber auch nach besonders belastenden Erlebnissen auf.

## Autismus

Beim **Autismus** sind nicht nur die Sprache, sondern auch andere Verhaltensweisen gestört. Die Ursache dieser Krankheit ist unbekannt. Kennzeichnend sind vor allem eine Störung der zwischenmenschlichen Beziehungen und der non-verbalen sozialen Kommunikation. Auffallend sind auch stereotype Aktionsmuster. Autismus kann von Geburt an bestehen, beginnt aber meist in den ersten 30 Lebensmonaten. Jungen sind viermal so häufig betroffen wie Mädchen.

Typische Zeichen, die auf Autismus hinweisen, sind der fehlende Blickkontakt, die Ablehnung von Berührungen durch die Eltern oder andere Bezugspersonen, die Unlust, mit den Eltern oder anderen Kindern spielen zu wollen. Häufig zeigen die Betroffenen ein Wiegen des Oberkörpers oder des Kopfes, Schüttelbewegungen mit den Händen, Trippeln auf den Zehenspitzen, Hüpfen oder unmotiviertes Lachen. Die Kinder haben das zwanghafte Bedürfnis nach einer stabilen Umwelt.

Manche autistischen Kinder sprechen nicht. Andere erlernen Sprache spät, sie sprechen viel nach, im Sinne einer Echolalie, und gebrauchen das Personalpronomen »ich« auffallend spät. Die Grammatik entwickelt sich nicht altersgemäß. Die Sprache wird nicht in ihrer kommunikativen Funktion gebraucht. Das Sprachverständnis kann häufig nicht gut beurteilt werden, weil die Kinder nicht oder auf ungewohnte Weise reagieren.

Die Sprache ist bei autistischen Kindern immer beeinträchtigt.

Wenn der Verdacht auf autistische Züge oder einen Autismus aufkommt, sollte dringend eine ärztliche und psychologische Untersuchung erfolgen. Diese muß auch eine Hörprüfung umfassen. Kinder, deren hochgradige Schwerhörigkeit oder Gehörlosigkeit nicht erkannt wurde, erinnern in ihrem Verhalten manchmal an autistische Kinder. Autistische Kinder reagieren oft nicht wie gewünscht bei den subjektiven Hörprüfungen. Dann müssen objektive Verfahren, wie die Messung von otoakustischen Emissionen (siehe Seite 19) und die Hirnstammaudiometrie (siehe Seite 20) in die Diagnostik miteinbezogen werden.

## Lese-Rechtschreib-Schwäche (LRS)

Unter einer Lese-Rechtschreib-Schwäche, wie sie in den Erlassen der Bundesländer definiert wird, werden zusammengefaßt:

1. Lese-Rechtschreib-Schwäche im Rahmen einer allgemeinen Minderbegabung.

2. Lese-Rechtschreib-Schwäche bei normalen Lernvoraussetzungen aus pädagogischen oder psychologischen Gründen, die nicht im Kind liegen.
3. Lese-Rechtschreib-Schwäche durch Teilleistungsschwächen der Wahrnehmung oder der Motorik.

Hiervon unterscheidet sich die Definition der **Legasthenie** in medizinischen Diagnoseschlüsseln oder die Definition, wie sie vom Bundesverband Legasthenie gebraucht wird. Mit Legasthenie meint man Schwächen beim Erlernen von Lesen, Schreiben und Rechtschreiben, die weder auf eine allgemeine Beeinträchtigung der geistigen Entwicklung noch auf unzulänglichen Unterricht zurückgeführt werden können.

## Typische Symptome

Typische Symptome der Lese-Rechtschreib-Schwäche sind die Verwechslung von Buchstaben, die sich nur in der Raumlage (wie [p, d, b]) oder nur durch Formdetails unterscheiden [E, F, L]. Die Vertauschung von Lauten (z.B. fargt statt fragt) und die Verwechslung von ähnlich klingenden Lauten ([d] mit [g] oder [t]) sprechen für Probleme in der akustischen Wahrnehmung, so wie Kinder mit Sprachentwicklungsverzögerungen auch Probleme in der Lautunterscheidung haben können. Auch das Weglassen von Buchstaben und Wortteilen könnte für eine Hörwahrnehmungsstörung sprechen. Kinder mit Lese-Rechtschreib-Schwäche begehen Regelverstöße bei der Groß- und Kleinschreibung, bei der Umsetzung von Dehnungen [ie, ah] und Konsonantenverdopplungen [ll]. Beim Lesen werden dementsprechende Fehler gemacht, meist können die Kinder auch nicht flüssig lesen.

## Theorien zur Ursache

In der Geschichte der Legasthenie und der Lese-Rechtschreib-Schwäche wurden verschiedenste Theorien zu den Ursachen dieser Störungsbilder entwickelt. Forscher suchten nach Schädigungen und Abnormitäten des Gehirns, es wurden beispielsweise kleine anatomische Unterschiede im Gehirn von Legasthenikern und Nichtlegasthenikern gefunden.

Die genauen Ursachen der Lese-Rechtschreib-Schwäche sind immer noch unbekannt.

Neuere Theorien vermuteten Teilleistungsstörungen, also eine Beeinträchtigung bestimmter Hirnfunktionen. Störungen der akustischen Wahrnehmung können das Erkennen der Laute mit dem Gehör und die Unterscheidung, etwa von [g] und [d], beeinträchtigen. Störungen der visuellen Wahrnehmung führen zu Schwierigkeiten mit ähnlich aussehenden Buchstaben wie [b], [p], [d]. Auch Störungen der Blicksteuerung werden als ursächlich angesehen. Störungen beim Richtungshören und beim Sprachverstehen im Lärm beeinträchtigen das richtige Hören des zu schreibenden Textes. Ist die akustische Merkfähigkeit eingeschränkt, kann sich das Kind nur einen Teil des diktierten Satzes merken.

## Psychologische Faktoren

Besonders für die Ausprägung einer Lese-Rechtschreib-Schwäche sind psychologische Mechanismen von Bedeutung. Die Lernerfahrung, die ein Kind aus dem Vorschulbereich mitbringt, das Bedürfnis nach Identifikation mit Erwachsenen, das Bedürfnis nach Zustimmung und das Verlangen, Strafe zu vermeiden, spielen eine Rolle. Ein wichtiger Faktor ist die Meinung über sich selbst. Schüler und Schülerinnen mit hohem Selbstvertrauen engagieren sich mehr im Unterricht und bei den Hausaufgaben, schreiben die erzielten Erfolge sich selbst zu. In Streßsituationen werden selbstsichere Schüler und Schülerinnen weit weniger von Versagensängsten beeinträchtigt.

Kinder mit Lese-Rechtschreib-Schwäche gehen nicht planvoll vor, wenn sie eine bestimmte Aufgabe oder ein bestimmtes Problem lösen sollen. Oft arbeiten sie überwiegend impulsiv, statt sich ausreichend Zeit zu lassen. Mißerfolgsgewöhnte Kinder neigen eher dazu, schnell irgend etwas als Lösung anzubieten. Diese Strategie führt vorübergehend dazu, daß Lücken unbemerkt entstehen und sich vergrößern können. Das Angebot des Pädagogen paßt dann jedoch nicht mehr zum

Kinder mit LRS gehen nicht planvoll an eine Aufgabe heran, sondern handeln meist impulsiv.

Leistungsstand des Schülers, der bei aufbauenden Schritten nicht mehr folgen kann.

## Phasen des Lesen- und Schreibenlernens

Es werden verschiedene Phasen angenommen, die ein Kind beim Lesen- und Schreibenlernen normalerweise nacheinander durchläuft:

**Phasen beim Lesen- und Schreibenlernen**

1. In der 1. Phase bedient sich das Kind der »logographemischen Strategie«. Worte werden als Gesamtbild wahrgenommen, wobei nur auf einige hervorstechende Details geachtet wird. In dieser Phase ist sich das Kind noch nicht darüber im klaren, daß bestimmte Laute mit bestimmten Buchstaben dargestellt werden. Ähnlich aussehende Wörter können nicht unterschieden werden.
2. In der 2. Phase wechselt das Kind zur »alphabetischen Strategie«. Gehörte Laute werden in Buchstaben übersetzt; das Kind lernt, auch unbekannte Wörter zu entziffern. Im Gegensatz zur vorherigen Phase hat nun auch die Reihenfolge der Buchstaben eine Bedeutung. Kinder in dieser Phase sollten zunächst überwiegend mit lauttreuen Wörtern konfrontiert werden, also solchen, bei denen ein Laut genau einem Buchstaben entspricht. In dieser Phase ist es richtig, wenn ein Kind das Wort »Zoo« als »tso« schreibt.
3. In der 3. Phase werden dann auch Rechtschreibregeln gelernt, Gruppen von Buchstaben oder häufig gebrauchte Wörter werden »auf einen Blick«, aufgrund einer visuellen Wortvorstellung erkannt. Diese Wörter können auch ohne Nachdenken über einzelne Buchstaben als motorische Schreibsequenz geschrieben werden. Trotzdem fallen Fehler im Wort sofort auf.

Einige Wissenschaftler nehmen an, daß Kinder mit Lese-Rechtschreib-Schwächen entweder in der alphabetischen Strategie verharren und so nie richtig flüssig lesen, oder die 3. Phase zu früh beginnen und nicht auf Wortdetails, die korrekte Entsprechung von Gehörtem und Geschriebenem, achten.

## LRS und Sprachentwicklungsverzögerung

In der Literatur finden sich zahlreiche Hinweise dafür, daß ein beträchtlicher Teil der Kinder mit Sprachentwicklungsverzögerungen später Schwierigkeiten mit Lesen und Schreiben oder überhaupt Schulleistungsstörungen entwickelt. Ein anderer Teil der Kinder scheint hingegen von dem in der Schule einsetzenden Erwerb der Schriftsprache zu profitieren.

**Beachten Sie**

> Wenn Ihr Kind im Vorschulalter sprachauffällig war – auch wenn diese Auffälligkeit inzwischen verschwunden ist –, besteht ein erhöhtes Risiko für Lese-Rechtschreib-Probleme. Deshalb sollten Sie in diesem Fall seine Fortschritte im Lesen und Schreiben sorgfältig beobachten.

Verfolgen Sie die Phasen von Lesen- und Schreibenlernen aufmerksam mit und üben Sie erkennbare Probleme gezielt, wie etwa die Verwechslung von ähnlich klingenden Lauten. Die Hörmerkspanne, also die Menge an akustischer Information, die wiederholt werden kann, ist bei Kindern mit Sprachentwicklungsverzögerungen oft eingeschränkt; sie können weniger Zahlwörter wiederholen als ein gleichaltriges anderes Kind. Die Fähigkeit, Gehörtes zu speichern, ist ebenfalls wichtig beim Schreiben von Diktaten und kann auch gezielt geübt werden. Das ungezielte Üben (jeden Nachmittag ein neues Diktat) führt oft nur zu Frustrationen bei allen Beteiligten. Frühzeitige Hilfe wirkt sich günstig aus, Lücken sollten möglichst gar nicht erst entstehen!

## *Kindliche Stimmstörungen*

Andauernde Stimmstörungen sollten abgeklärt werden.

Besteht eine heisere Stimme über zwei oder drei Wochen, sollten Sie mit Ihrem Kind zum Arzt gehen, um die Ursache klären zu lassen. Am häufigsten liegt ein unökonomischer Stimmgebrauch vor, die Stimmlippen sind überlastet (hyperfunktionelle Dysphonie). Als Folge hiervon können sich Stimmlippenknötchen (»Schreiknötchen«, »Phonationsknötchen«) auf beiden Stimmlippen an einander gegenüberliegenden Stellen bilden. Ursache ist oft lautes Schreien. Jungen entwickeln häufiger Knötchen als Mädchen. Bei Kindern im Vorschulalter wird meist ausschließlich eine Beratung der Eltern durchgeführt. Ältere Kinder mit einer Stimmstörung sollten logopädisch behandelt werden, weil sonst Stimmprobleme bis ins Erwachsenenalter bleiben können. Die Knötchen selbst bilden sich unter dem Stimmwechsel in der Pubertät oft zurück.

## »Brummer«

»Brummer« verharren beim Singen in einer tiefen Tonlage.

Unter »Brummer« versteht man Kinder, die beim Singen nicht der Melodie folgen, sondern auf einer tiefen Tonlage bleiben. Diese Kinder sollten aber trotzdem singen; oft lernen sie es im Laufe der Zeit, der Melodie zu folgen. Solche Kinder werden oft zu Unrecht der 2. oder 3. Stimme zugeordnet. Sie haben aber durchaus nicht immer eine tiefe Stimme und sind nicht (zumindest noch nicht) in der Lage, die 2. oder 3. Stimme zu singen.

6 KAPITEL

# Wie werden Sprachstörungen festgestellt?

In der Regel führt der Verdacht auf eine Sprachstörung die Eltern mit ihrem Kind zunächst zum Facharzt für Kinder- und Jugendheilkunde. Im Rahmen der Vorsorgeuntersuchungen U 4 bis U 9 beurteilen Kinderärzte auch regelmäßig die Sprachentwicklung. Entsprechend der vorliegenden Störung wird der Kinderarzt seine Untersuchung durch eine Überweisung zum Facharzt für Phoniatrie und Pädaudiologie (Stimm-, Sprach-, Sprech-, Schluck- und Hörstörungen im Kindesalter) oder zum Facharzt für Hals-Nasen-Ohren-Heilkunde ergänzen.

## *Untersuchung beim Kinder- oder Facharzt*

Zuerst fragt der Arzt nach der Krankengeschichte des Kindes und der Familie.

Der Arzt wird sich zunächst ein genaues Bild von der Krankengeschichte (Anamnese) machen. Hierbei wird er auch danach fragen, ob in der Familie schon Hör- und Sprachstörungen oder Schwierigkeiten beim Lesen- und Schreiben-Lernen vorgekommen und wie Schwangerschaft, Geburt und die frühe Kindheit verlaufen sind. Wichtig ist auch, ob das Kind bereits Krankheiten durchgemacht hat, im Krankenhaus behandelt werden mußte oder ambulante Therapien wie Krankengymnastik, Ergotherapie, Frühförderung oder logopädische Übungen absolviert wurden. Außerdem wird der Verlauf der Sprach- und der motorischen Entwicklung eingeschätzt.

Für die genaue Einschätzung der Sprachprobleme werden dann verschiedene Untersuchungen und Tests durchgeführt; ihre Funktion wird im folgenden kurz beschrieben.

## Testverfahren zur Einschätzung der Sprachprobleme

**Bau und Funktion der Hör- und Sprechorgane**

Zunächst überprüft der Arzt die Form und die Funktion der einzelnen Sprechorgane, wobei er Nase, Lippen, Zähne, Zunge, Mandeln und Gaumen auf das genaueste untersucht. Die Ohrmikroskopie wird zur Beurteilung von äußerem Ohr und Mittelohr angeschlossen.

**Untersuchung der Sprache**

Die Untersuchung der Sprache erfolgt häufig durch einen Logopäden oder Sprachheillehrer. Bei kleinen oder stark beeinträchtigten Kindern ist eine direkte Untersuchung manchmal schwierig, hier spielen die Angaben der begleitenden Eltern eine wichtige Rolle. In den meisten Fällen ist es aber möglich, das Kind selbst zu untersuchen. Bei kleineren Kindern steht das Sprachverständnis eher im Vordergrund, bei Kindern im Kindergartenalter mehr die aktiven Sprachleistungen, die – soweit es die Zeit und die Konzentrationsfähigkeit des Kindes erlauben – in allen Sprachebenen (Laute, Grammatik, Wortschatz) abgeprüft werden.

**Objektive Hörprüfungen**

Weiterhin muß in jedem Fall eine Prüfung des Hörvermögens erfolgen. Bei Säuglingen und in der Entwicklung verzögerten Kindern reichen subjektive Prüfungen (wie die Beobachtung von Reflexen oder Reaktionen auf Schallereignisse) oft nicht aus, sondern es müssen zusätzlich otoakustische Emissionen (siehe Seite 19) gemessen oder eine Hirnstammaudiometrie (BERA, siehe Seite 20) abgeleitet werden.

**Spielaudiometrie**

Bei Kindern im Kindergartenalter läßt sich in aller Regel mit Hilfe der Spielaudiometrie eine sichere Einschätzung des Hörvermögens erreichen. Die Kinder lernen, bei jedem gehörten Ton eine bestimmte Spielhandlung auszuführen, wie etwa ein Klötzchen in ein Steckbrett zu stecken. Jüngeren Kindern werden die Töne über Lautsprecher präsentiert, bei älteren Kindern kann man mit Hilfe von Kopfhörern auch beide Ohren getrennt prüfen.

**Impedanzmessung**

Die Impedanzmessung (Messung der Schwingungsfähigkeit des Trommelfells) und die Stapediusreflexaudiometrie (die Schwingungsfähigkeit des Trommelfells wird durch einen kleinen Muskel bei lauten Geräuschen herabgesetzt) werden durchgeführt, um die Mittelohrverhältnisse zu beurteilen. Gerade im Kindergartenalter leiden viele Kinder unter mittelohrbedingten Schwerhörigkeiten.

**Prüfung der zentralen Hörverarbeitung**

Ergibt sich der Verdacht auf eine zentrale Hörstörung, wird ein umfangreiches Untersuchungsprogramm erforderlich. Nach den Hörprüfungen, die in diesem Fall ein normales Hörvermögen für Töne aller Frequenzen und normale Verhältnisse im Bereich von äußerem Ohr und Mittelohr gezeigt haben, wird die weitere Verarbeitung des Schalls geprüft.

**Prüfung des Richtungsgehörs**

Beim Richtungshören muß das Kind angeben, aus welcher Richtung der Schallreiz kommt.

**Sprachaudiometrie mit Störgeräusch**

Bei der Sprachaudiometrie hört das Kind Wörter in bestimmten Lautstärken und soll je nach Entwicklungsalter auf das entsprechende Bild zeigen oder das Wort nachsprechen. Bei zentralen Hörstörungen fällt diese Aufgabe sehr viel schwerer, wenn das Kind gleichzeitig ein Rauschen mit etwas geringerer Lautstärke als das Nutzsignal hört. Diese Überprüfung des Sprachgehörs im Störgeräusch sagt über die Fähigkeit, im Alltag zu hören, mehr aus als die normale Hörprüfung, weil auch im Alltag praktisch immer Störgeräusche vorhanden sind.

**Dichotische Hörprüfung**

Bei dichotischen Hörtests werden die Ohren zuerst mit mehrsilbigen Wörtern getrennt nacheinander geprüft. Dann werden über Kopfhörer gleichzeitig auf beide Ohren verschiedene Prüfworte gegeben, die zu wiederholen sind.

**Prüfung des Sehvermögens**

Ergeben sich Zweifel an einem normalen Sehvermögen, wird eine augenärztliche Untersuchung notwendig. Visuelle Wahrnehmungsstörungen können mit verschiedenen Tests (z. B. Frostig-Test der visuellen Wahrnehmung) untersucht werden.

**EEG, Entwicklungsdiagnostik**

Bei schwereren Störungen und besonderen Auffälligkeiten ist eine Untersuchung durch den Kinderneurologen und die Ableitung eines EEGs (Elektroencephalogramm) erforderlich. Verschiedene Bereiche der Entwicklung werden in Verfahren wie dem »Münchner Funktionellen Entwicklungstest« eingeschätzt.

**Ermittlung des Intelligenzquotienten**

Die psychologische Untersuchung trägt nicht nur zur Einschätzung des sozialen Umfeldes bei, sondern wird in aller Regel mit der Durchführung von verbalen und nonverbalen Intelligenztests verbunden. Die intellektuelle Leistungsfähigkeit ist wichtig, um die beste Behandlung festzulegen und auch die richtige Schulart zu finden.

**Gedächtnisleistungen**

Im Rahmen der psychologischen Untersuchung sind die Gedächtnisleistungen von großer Bedeutung. In verschiedenen Untertests können das visuelle und das akustische Kurzzeitgedächtnis geprüft werden: Im psycholinguistischen Entwicklungstest werden die visuelle Merkfähigkeit, indem das Kind eine immer länger werdende Reihe von Symbolen nachlegen muß, und die akustische Merkfähigkeit über das Wiederholen von Zahlenfolgen, die dem Kind vorgesprochen werden, überprüft. Bei vielen Kindern mit Sprachstörungen stellt sich heraus, daß sie im visuellen Gedächtnis weit bessere Testergebnisse erreichen als beim Nachsprechen von Zahlen. Neuere Forschungsergebnisse zeigen, daß besonders Kinder mit Dysgrammatismus auch Schwierigkeiten im Nachsprechen von Zahlen haben.

Für die meisten Tests gilt dabei, daß sie sich nur für ein bestimmtes Entwicklungsalter eignen, die Tests müssen also dementsprechend ausgewählt werden.

7
KAPITEL

# Welche Behandlungs- und Fördermaßnahmen gibt es?

Ergibt die phoniatrisch-logopädische Untersuchung eine Sprachentwicklungsverzögerung, ein Stammeln, eine mangelnde Grammatikbeherrschung, einen eingeschränkten Wortschatz oder ein eingeschränktes Sprachverständnis, wird nicht automatisch eine logopädische Therapie notwendig.

Bei jüngeren Kindern, etwa bis zum Alter von drei Jahren, erfolgt in erster Linie eine Elternberatung, wenn keine anderen Probleme gefunden werden.

Bei älteren Kindern oder bei einer starken Beeinträchtigung werden aber meist Fördermaßnahmen eingeleitet; eine Übersicht über die häufigsten Therapiehilfen findern sie auf den folgenden Seiten.

## *Frühförderung*

Insbesondere im Rahmen von Frühfördereinrichtungen arbeiten Logopäden auch schon mit Kindern unter drei Jahren. Je nach den vorliegenden Befunden ist oft eine Ergotherapie (Beschäftigungstherapie) in diesem Alter für das Kind nützlicher, durchaus auch für seine Sprachentwicklung.

Bei dreijährigen Kindern mit sprachlichen Defiziten wird der Arzt als ersten Schritt die Aufnahme in einen normalen (Regel-) Kindergarten empfehlen. Die sprachfördernden Eigenschaften des Umgangs mit Personen außerhalb der Familie und anderen Kindern wurde schon auf Seite 36ff. erwähnt.

## Logopädische Therapie

Bei Kindern im Kindergartenalter ist die häufigste Art der Behandlung einer Sprach- oder Sprechstörung die ambulante logopädische Therapie. Obwohl dies vielerorts wegen der zu geringen Zahl an Therapieplätzen noch so gehandhabt wird, sollte nicht nur einmal in der Woche therapiert werden. Aus unserer Sicht sollte lieber über einige Monate zwei- bis dreimal pro Woche behandelt und anschließend eine Therapiepause eingelegt werden. Eine Woche ist eine unüberschaubar lange Zeit für ein dreijähriges Kind.

Eine logopädische Therapie erfolgt am besten 2- bis 3mal pro Woche.

Der logopädischen Behandlung geht in jedem Fall eine genaue Untersuchung der Sprache voraus. Aufgrund der gefundenen Defizite wird dann ein Therapieplan erstellt. Hat ein Kind beispielsweise einen sehr eingeschränkten Wortschatz und verschiedene Probleme mit der Grammatik, ist die Auslassung der Zischlaute zunächst nicht so wichtig für die Therapie. Oft verfolgt der Logopäde allerdings verschiedene Ziele mit einer Übung. Je nach Alter und Entwicklungsstand des Kindes gestaltet sich die Therapie meist sehr spielerisch.

## Sprachheilkindergarten

Für Kinder mit großen Sprachproblemen ist ein Sprachheilkindergarten besser als der Regelkindergarten.

Kinder im Vorschulalter mit gravierenden Sprachstörungen ohne wesentliche weitere Beeinträchtigungen können im Sprachheilkindergarten aufgenommen werden. Es handelt sich dabei um Ganztageseinrichtungen mit kleineren Gruppen als im Regelkindergarten. Die dort arbeitenden Erzieherinnen sind speziell im Umgang mit sprachbehinderten Kindern ausgebildet. Zusätzlich arbeiten dort Sonderpädagogen und/oder Logopäden, die teilweise in der Gruppe präsent sind, aber auch Einzeltherapien mit den Kindern durchführen.

In einigen Bundesländern gibt es auch **Sprachheilambulatorien**. In diesen Einrichtungen werden Kinder mit Sprachstörungen meist durch Sonderpädagogen ambulant betreut.

## *Sprachheilschule, Sprachheilzentrum*

Sprachheilschulen vermitteln den normalen Schulstoff.

Kinder, die wegen ihrer sprachlichen Defizite nicht in eine Regelschule eingeschult werden können und keine wesentlichen anderen Behinderungen aufweisen, werden in Sprachheilschulen/Sonderschulen für Sprachbehinderte aufgenommen. Dort lernen sie denselben Stoff wie die Kinder in der Regelschule und erhalten zusätzlich sprachliche Förderung. Überwiegend handelt es sich dabei um Ganztageseinrichtungen. **Sprachheilschulen** sind als Durchgangsschulen konzipiert. Meist kann die Hälfte aller Schüler bereits nach zwei Jahren in die Regelschule wechseln. In **Sprachheilzentren** werden Kinder mit Sprachstörungen im Internat aufgenommen und von speziell ausgebildeten Pädagogen betreut.

## *Kliniken für Phoniatrie*

In größeren Kliniken gibt es eine Abteilung oder eine Klinik für Phoniatrie und Pädaudiologie. Diese Einrichtungen arbeiten überwiegend in der genauen ambulanten Diagnostik von Sprach-, Sprech-, Stimm-, Schluck- und Hörstörungen. Einige Kliniken für Phoniatrie bieten auch stationäre Diagnostik und Behandlung von Sprachstörungen im Kindesalter an.

In Rheinland-Pfalz gibt es über die obengenannten Einrichtungen hinaus das Landessprachheilzentrum in Meisenheim. Diese Einrichtung nimmt Kinder mit gravierenden Sprachentwicklungsstörungen und auch Redeflußstörungen für meist einige Monate auf. Neben der sprachlichen und sonstigen Sonderförderung wird der normale Schulstoff vermittelt.

## *Wer trägt die Kosten für eine Sprachbehandlung?*

In Deutschland werden die Kosten für die Untersuchung und Behandlung sprachauffälliger Kinder in der Regel von den Krankenkassen oder Sozialhilfeträgern übernommen.

Die Regelungen sind zum Teil in den einzelnen Bundesländern verschieden. So wird die Frühförderung in manchen Bundesländern von staatlicher Seite übernommen, in anderen wird eine Ergotherapie auf Kosten der Krankenkasse verordnet.

Informieren Sie sich in jedem Fall bei Ihrer Krankenkasse.

Meist trägt die Krankenkasse die Kosten, wenn Kinder in einer Klinikambulanz oder einer freien Praxis durch einen Arzt, Psychologen, Logopäden oder Sprachheilpädagogen untersucht oder behandelt oder ihre Eltern beraten werden. Günstig ist es, wenn die Verordnung für eine Behandlung von einem Facharzt für Phoniatrie und Pädaudiologie oder HNO-Heilkunde oder einem Kinderarzt ausgestellt wird. Manche Privatkassen übernehmen die Kosten nicht vollständig, deshalb ist es immer ratsam, sich vorher bei der Krankenkasse zu informieren.

Lehnt die Krankenkasse die Kostenübernahme ab, übernimmt manchmal auch das Sozialamt oder das Jugendamt die Kosten.

Wird ein Kind in einem Sprachheilkindergarten aufgenommen oder in einer Sprachheilambulanz untersucht oder behandelt, entstehen den Eltern ebenfalls keine Kosten.

## *Wann und wo sollte die Einschulung erfolgen?*

Die Sprachprobleme sollten bis zur Einschulung behoben sein.

In jedem Fall ist es von großem Vorteil, wenn die Sprachprobleme eines Kindes durch die Bemühungen der Eltern, eine Therapie oder Förderung in der Vorschulzeit behoben werden können. Die meisten Ärzte und Therapeuten sehen in der Einschulung ein entscheidendes Datum für ihre Bemühungen. Lesen- und Schreibenlernen gelingen besser, wenn die mündliche Sprache normal beherrscht wird, also alle Laute richtig ausgesprochen und mit dem Ohr differenziert werden können. Wie anders sollte ein Kind beim Lesen alle Laute richtig »entziffern« und beim Schreiben in Buchstaben umsetzen können?

Kinder mit einer Sprachentwicklungsverzögerung (auch wenn sie erfolgreich behandelt wurde) haben im Grundschulalter häufiger Lese- und Rechtschreibprobleme. Auch die mangelnde Beherrschung der Grammatik oder Einschränkungen des Wortschatzes können zu Fehlern und damit schlechteren Schulleistungen führen.

Kinder mit einer Sprachentwicklungsverzögerung, also mit Störungen auf verschiedenen Ebenen der Sprache, haben auch häufig Einschränkungen im Sprachverständnis. Während sich Kinder mit eingeschränktem Sprachverständnis zu Hause und im Kindergarten oft mit einem guten Situationsverständnis zurechtfanden, kommen in der Schule immer mehr rein sprachliche Informationen auf sie zu, die sie nicht verstehen. Wenn ein Kind aber oft nicht versteht, was der Lehrer verlangt, ist der Mißerfolg in der Schule vorprogrammiert. Das häufige Versagen in der Schule kann zu Selbstzweifeln, Minderwertigkeitsgefühlen und Unlust führen. Die Kinder reagieren mit Aggressionen, Ängsten oder sozialem Rückzug.

**Allgemein gilt**

Sprachliche Probleme zum Zeitpunkt der Einschulung können die gesamte Schul- und Bildungslaufbahn eines Kindes beeinflussen. Dementsprechend muß den sprachlichen Fähigkeiten bei der Einschulung ein großes Gewicht beigemessen werden.

Daher werden bei den schulärztlichen Untersuchungen in der Regel auch die sprachlichen Fähigkeiten genau getestet. Allerdings erfolgt diese schulärztliche Untersuchung gewöhnlich nur wenige Monate vor der Einschulung; zu diesem Zeitpunkt bleibt für eine entsprechende Therapie zu wenig Raum.

Für jedes Kind muß die individuell richtige Lösung gefunden werden.

Je nach der Art und dem Ausmaß der Sprachstörung kann für das jeweilige Kind die Einschulung in eine Sprachheilschule, die Integration in eine Regelschule mit zusätzlicher Förderung oder die normale Einschulung in die Regelschule mit begleitender logopädischer Therapie die richtige Entscheidung sein.

Dabei spielen auch die örtlichen Verhältnisse eine wichtige Rolle. Manche Kinder profitieren vom Schriftspracherwerb auch hinsichtlich der mündlichen Sprache, lernen beispielsweise Laute, die sie schlecht unterscheiden können, durch die zusätzliche optische Information des Schriftbildes leichter.

Liegen bei dem betroffenen Kind auch in anderen Bereichen der Entwicklung, zum Beispiel der Grob- und Feinmotorik oder der sozialen Entwicklung, Defizite vor, ist oft die Zurückstellung um ein Jahr oder die Einschulung in eine Vorklasse die beste Lösung für das Kind.

## *Was können die Eltern tun?*

Der wichtigste Grundsatz für den Umgang mit einem Kind, dessen Sprachentwicklung nicht normal verläuft, heißt: Behandeln Sie es so normal wie möglich. Das Kind muß merken, daß es als gleichwertig anerkannt und geliebt wird.

**Wichtig**

Grundsätzlich sollten Sie niemals in Anwesenheit des Kindes über dessen Fähigkeiten in einer Weise sprechen, die das Kind als abwertend empfinden muß. Vermeiden Sie möglichst auch Vergleiche mit den Geschwistern in Anwesenheit des Kindes.

Auch bei Kindern, deren Sprachentwicklung nicht regelrecht abläuft, bieten sich den Eltern (und anderen Bezugspersonen) viele Möglichkeiten, die Sprachentwicklung zu fördern (siehe auch Seite 28). Wenn bei einem Kind eine Sprachstörung diagnostiziert wurde, sollen und dürfen die Eltern sich nicht allein auf die professionelle Therapie verlassen. Ihre Mithilfe ist wichtig für jede Sprachtherapie im Kindesalter. Mit vereinten Kräften können Eltern, Ärzte und Therapeuten das Beste für das Kind erreichen.

## In Ruhe zuhören

Gerade bei Kindern mit Schwierigkeiten ist es vordringlich, sich genügend Zeit zum Zuhören zu nehmen. Solange das Kind spricht, sollte es nicht unterbrochen werden. Es braucht mehr Zeit als gleichaltrige Kinder, wenn es einen Gedanken formulieren möchte. Es braucht das Gefühl, daß es Zeit genug hat, etwas zu sagen, weil man sich dafür interessiert.

Wenn Sie das, was das Kind sagen wollte, nicht verstehen, ist es ungünstig, es mit »Sag das bitte nochmal, ich habe dich nicht verstanden« zum Wiederholen seines Satzes zu bewegen. Oft werden die Kinder frustriert, weil der Zuhörer sie nicht verstanden hat, und häufig haben sie ihren Satz auch schon wieder vergessen. Besser ist es, wenn Sie irgend etwas verstanden haben, eine Frage daraus zu formulieren; meist antworten die Kinder dann bereitwillig noch einmal.

**Wichtig**

In keinem Fall darf das Kind den Eindruck gewinnen, daß es nicht »so gut« ist wie die anderen Kinder. Es muß spüren, daß Sie es trotz seiner Probleme voll akzeptieren.

## Keine Nachsprechübungen

Nachsprechübungen sollten Sie strikt unterlassen. Wenn das Kind mit »Sag mal Onkel Michael« aufgefordert wird, sich sprachlich zu versuchen, wird es sich durch seinen Versuch »Onte Mika« vielleicht seiner Sprachauffälligkeit bewußt und kann beim nächsten Mal mit Verweigerung reagieren. In diesem Punkt sollten sich Eltern auch freundlich, aber eindeutig gegenüber Großeltern, Onkeln, Tanten usw. äußern.

## Wenn das Kind ausgelacht wird

Schwieriger mag die Situation werden, wenn andere Kinder oder gar Erwachsene das sprachbehinderte Kind auslachen. Das Eingreifen der Eltern und Erzieherinnen sollte hier bei dem auslachenden Kind nicht den Eindruck erwecken, daß das sprachbehinderte Kind immer in Schutz genommen wird und eine Sonderbehandlung erfährt. Am besten gehen Sie so vor: Bestätigen Sie, daß das betroffene Kind Schwierigkeiten hat, und fordern Sie das auslachende Kind zur Mithife auf, die Schwierigkeiten zu überwinden.

## Sprachliches Vorbild

Eltern und Erzieherinnen sind sprachliche Vorbilder für die Kinder. Gerade Eltern eines sprachbehinderten Kindes sollten deshalb auch immer wieder über ihre eigene Sprechweise nachdenken. Ein gutes und reichliches Sprachangebot zum Zuhören ist für die Sprachentwicklung des Kindes von allergrößter Bedeutung.

## Sprachliche Angebote schaffen

Verschiedenste Alltagssituationen bieten die Möglichkeit, dem sprachgestörten Kind ein möglichst reichliches Angebot an Sprache zu bieten. Was in der Umgebung des Kindes zu sehen ist und passiert, sollten Sie in für das Kind verständlicher Sprache beschreiben.

**Beispiele**

- »Jetzt darfst du baden. Dazu lassen wir erst einmal Wasser in die Wanne laufen. Aus dieser blauen Flasche kommt noch Badeschaum dazu. Ob das Wasser wohl schön warm ist? Oh, nein, da muß ich noch mehr warmes Wasser dazulaufen lassen.»
- Auch das, was das Kind tut und empfindet, bietet sich zur Versprachlichung an: »Ah, du hast Durst und möchtest etwas trinken.«

Wenig sinnvoll ist es allerdings, dem Kind allzu komplizierte Sprache anzubieten. Wenn ein Kind im Frühling eine rote

Tulpe entdeckt und das mit »Bume da« kommentiert, dann sollten Sie diese Feststellung mit »ja, das ist eine Blume«, »ja, jetzt wachsen schon Blumen« oder mit »ja, da ist eine rote Blume« als »verstanden« beantworten.

Orientieren Sie das sprachliche Angebot an der Entwicklung des Kindes.

Für ein Kind, das sich noch in Zweiwortsätzen äußert, wären weitere Erklärungen, daß es sich um eine Tulpe – womöglich noch mit genauerer Artbezeichnung – handelt und daß daneben noch Narzissen und Schneeglöckchen stehen oder die Erklärung von Blütenkelch, Staubfäden und Zwiebel sicher eine Überforderung. Wortwahl, Satzbau und Länge der Sätze sollten der Sprachentwicklung des Kindes, vor allem der Entwicklung des Sprachverständnisses, angepaßt werden. Da das Sprachverständnis der aktiven Sprache gewöhnlich voraus ist, sollten die Äußerungen der Gesprächspartner immer etwas weiter sein als die Äußerungen des Kindes. Das Kind sollte nur grammatikalisch und artikulatorisch richtige Sätze hören.

**Wichtig**

Keinesfalls sollte aber eine dauernde Berieselung versucht werden. Lassen Sie dem Kind auch sprachfreie Räume. Es gibt an jedem Tag genug Situationen, in denen sich ohne Zwang ein sprachliches Kommentieren bewerkstelligen läßt.

## Nicht direkt kommentieren

Fast eine Allerweltsweisheit scheint es zu sein, daß Lob mehr nützt als Tadel. Dazu gibt es genügend wissenschaftliche Beweise. Trotzdem stürzen sich viele Zuhörer auf den falschen Laut oder die falsche grammatikalische Konstruktion:
»Das heißt nicht ›dumpf‹, ›Strumpf‹ heißt das, wie oft soll ich dir das noch sagen. Hörst du endlich mal richtig zu!«

Es ist in jedem Fall besser, die richtigen Elemente der sprachlichen Äußerung zu loben. Vorrangig gegenüber dem Loben von einzelnen gelungenen Phrasen sollte aber ein indirektes Lob sein, indem man durch Gestik, Mimik und allgemeine Anmerkungen durchblicken läßt, wie schön es ist, sich mit dem Kind unterhalten zu können. Fehler sollten nicht als solche konkret benannt werden, sondern im Sinne eines »korrektiven Feedback« korrigiert werden. Korrektives Feedback ist auf allen Ebenen der Sprache möglich.

**Beispiele**

- Auf der Ebene des Wortschatzes:
  Kind: »Guck mal, Mama, so viele **Kühe**!«
  Mutter: »Ja da sind viele Tiere. Die großen Tiere sind **Kühe** und die kleinen Tiere sind **Schafe**.«
- Auf der Ebene der Grammatik:
  Kind: »Mama, der Marcel hat mich **angelügt**!«
  Mutter: »Was, der Marcel hat dich **angelogen**? Was hat er denn gesagt?«
- Auf der Ebene der Artikulation (Lautbildung):
  Kind: »Die Oma ist **detommen**!«
  Mutter: »Ah, die Oma ist **gekommen**.«

Bei Kindern, die noch keinen Satz formulieren können, der der Erwachsenengrammatik entspricht, oder die etliche Lautfehler machen, kann die Forderung nach korrektivem Feedback allerdings nicht bedeuten, daß jeder Satz in korrigierter Form sklavisch wiederholt wird. Es muß nicht unbedingt jeder Fehler korrigiert werden. Solch ein Verhalten würde den Mitteilungsdrang des Kindes nur bremsen. Besser sollten Sie dann, wenn die Situation es erlaubt, das falsch ausgesprochene Wort in einen weiterführenden Satz einfügen.

## Keine Anweisungen, wie gesprochen werden soll

Kinder sollten nicht aufgefordert werden, langsam und deutlich zu sprechen oder erst nachzudenken, bevor sie mit dem Sprechen beginnen. Sprache ist auch bei sprachgestörten Kindern schon ein automatisierter Ablauf von Atmung, Stimmgebung und Artikulation. Eingriffe in diesen Ablauf gefährden die Selbstsicherheit des Kindes. Die Sprechfreude geht verloren, die eine wichtige Vorraussetzung zum Sprechenlernen ist. Das Kind wird sich durch die ständigen Ermahnungen seiner unvollkommenen sprachlichen Fähigkeiten bewußt. Im ungünstigsten Fall kann aus solchen Verhaltensweisen der Eltern auch ein Stottern resultieren.

## Fragen, Fragen, Fragen

Kinder fragen gern. Man kann ein 1. und 2. Fragealter unterscheiden.

Im 1. Fragealter, das normalerweise mit ca. 18 Monaten beginnt, werden logische Begriffe herausgebildet. Die Bedeutung der Wörter wird durch diese Fragen für das Kind genauer definiert. Das Kind erhält durch die Antworten der Erwachsenen auch jeweils die Chance, das entsprechende Wort noch einmal richtig artikuliert zu hören.

**Beispiel**

Kind: »Is´n das ne Feife?«
Vater: Ja, das ist eine Seife.«

Im 2. Fragealter, das im 4. Lebensjahr beginnt, wird der Wortschatz weiter vergrößert. Das Kind bildet komplexere Satzgefüge und interessiert sich vermehrt für Zusammenhänge.

Durch Fragen erweitert das Kind sein Wissen und stellt Kontakte her.

Die vielen Fragen, die ein Kind stellt, dienen also zum einen dazu, sein Wissen zu erweitern. Zum anderen bieten sie aber auch die Möglichkeit, mit dem Befragten in Kontakt zu treten. Wenn diese letzte Funktion völlig in den Vordergrund tritt, weil das Kind beispielsweise dieselbe Frage in Abständen von wenigen Minuten immer wieder stellt oder jede Antwort mit der nächsten »Warum«-Frage beantwortet wird, kann sich die Geduld des Befragten auch irgendwann erschöpfen. Trotzdem sollte man ein Kind in seinem Bedürfnis nach Kontakt nicht enttäuschen und dann eher einmal zurückfragen und das Kind bitten, selbst einmal darüber nachzudenken.

Das Beantworten von Fragen fällt Kindern oft schwer.

Fragen zu beantworten, fällt Kindern oft schwerer, als Erwachsene vermuten. Auch ein sprachlich normal entwickeltes Kind von drei oder vier Jahren wird wahrscheinlich nichts Verständliches berichten, wenn man danach fragt, was es am Wochenende gemacht hat. Einem 5- oder 6jährigen sprachlich normal entwickelten Kind wird es hingegen möglich sein, auf eine solche Frage zu antworten.

Bei jüngeren Kindern oder Kindern mit einer verzögerten Sprachentwicklung ist es günstiger, Vermutungen anzustellen wie »Wart ihr am Wochenende auch im Freibad?« und sich dies dann bestätigen oder korrigieren zu lassen: »Nein, wir waren am Baggersee.«

**Beachten Sie**

Sprachgestörte Kinder sollten auch nicht abgefragt werden. Besonders vor Publikum wie der Tante oder der Oma sollten Sie das Kind nicht zum Benennen von Gegenständen oder zum Aufsagen von Kinderreimen zwingen. Vermeiden Sie es, Leistungsdruck zu erzeugen.

## Schimpfwörter

Der Gebrauch von Schimpfwörtern sollte nicht absolut verboten werden.

Oft benutzen Kinder Schimpfwörter. Eltern von Kindern mit einer Sprachstörung wundern sich oft, wieviel Geschick ihr Kind im Erlernen und Gebrauchen von Schimpfwörtern hat. Trotzdem möchten sie ihm den Gebrauch solcher Schimpfwörter verbieten. Damit bestrafen sie aber einen Gebrauch der Sprache, den sie oft auch selbst praktizieren, nur mit dem Unterschied, daß die Eltern besser einschätzen können, in welcher Situation der Gebrauch des Schimpfwortes angemessen ist.

Bei einem Kind, dessen Sprache noch nicht altersentsprechend entwickelt ist, oder das unter Unflüssigkeiten leidet, sollten meines Erachtens die Eltern mehr Toleranz aufbringen. Immerhin ist das Aussprechen von Schimpfwörtern auch eine relativ harmlose Form, negative Gefühle auszudrücken. Für die Entwicklung einer ausgeglichenen und selbstsicheren Persönlichkeit ist es günstig, Gefühle spontan erleben und ausdrücken zu können. Mit fortschreitender Sprachentwicklung können die Kinder diese Gefühle immer differenzierter ausdrücken und auch die für die jeweilige Situation angemessene Ausdrucksweise besser auswählen.

**Allgemein gilt**

Wichtig ist in jedem Fall, auf die individuellen Besonderheiten des jeweiligen Kindes Rücksicht zu nehmen. Bei einem Kind steht im Vordergrund, ihm mehr Sprachanregung zu geben, beim anderen ist das geduldige Zuhören wichtiger. Und beim nächsten ist vielleicht eine Verhaltensänderung in dem Sinn notwendig, daß dem Kind nicht alle Wünsche und Bedürfnisse vom Gesicht abgelesen und gleich erfüllt werden, sondern daß die Eltern auf einen Wunsch erst reagieren, wenn ihn ihr Kind sprachlich formuliert.

In jedem Fall gibt es verschiedene Möglichkeiten, das Sprechenlernen zu fördern, und oft stellt sich erst im Laufe der Zeit heraus, wovon das Kind am meisten profitiert. Außerdem kann es sein, daß die Strategien sich mit der Zeit auch ändern müssen, um dem Kind in der jeweiligen Situation am besten gerecht zu werden.

8

KAPITEL

# Spiele zur Sprach- und Sprechförderung

Aus den bisherigen Ausführungen geht hervor, daß Sprache am besten in normalen Situationen, in denen sie ihrer natürlichen Funktion entsprechend gebraucht wird, gelernt werden kann. Die stärkste Motivation ist die Möglichkeit, mit Sprache zu kommunizieren.

Verse, Reime, Fingerspiele und Sprechspiele machen Kindern Spaß und fördern die Sprachentwicklung.

Trotzdem gibt es natürlich – den verschiedenen Voraussetzungen für eine regelrechte Entwicklung der Sprache entsprechend – viele Möglichkeiten, die Sprache des Kindes auf spielerische Art und Weise zu fördern. Alle Spiele zur Förderung von Hand- oder Mundmotorik oder zur Schulung des Gehörs bieten in Erklärungen und Nachfragen viele Möglichkeiten, dem Kind Sprache anzubieten und es zu sprachlichen Äußerungen zu veranlassen.

Spezielle »Sprechspiele« bieten die Möglichkeit, Wörter oder Laute gezielt zu trainieren. Meist geht es dann aber nicht mehr um lustvolles Sprechen, sondern darum, dem Kind etwas Bestimmtes beizubringen, es zum Lernen und Üben zu veranlassen. Oft erkennen die Kinder diese Absicht, sie haben dann wenig Lust mitzumachen und sprechen noch weniger, werden eventuell sogar aggressiv. Hier ist ein sensibles, umsichtiges Vorgehen der Eltern gefragt, damit die Kinder ausreichend motiviert werden. Beim gemeinsamen Lernen und Aufsagen von Versen, Reimen oder Fingerspielen haben aber die meisten Kinder Spaß und trainieren unbewußt ihre sprachlichen Fertigkeiten.

## *Förderung der Finger- und Handmotorik*

Als wichtige Voraussetzung für die Sprache kann die Geschicklichkeit von Hand und Fingern gefördert werden. Hand- und Mundmotorik hängen eng zusammen. Bei vielen Menschen arbeitet sichtbar die Zunge mit, wenn sie eine knifflige Aufgabe mit den Händen erfüllen wollen. Spiele, die die Koordination von Auge und Hand fördern, wirken sich also auch positiv auf die Sprache aus.

### Lateralität

Unter »Lateralität« versteht man unterschiedliche Fähigkeiten oder Geschicklichkeiten der beiden Körperseiten im motorischen, visuellen und auditiven Bereich. Sie kann ererbt oder erworben sein. Ein Teil der Lateralität ist die Händigkeit. Im Alter von 9 Monaten beginnt sich die bevorzugte Händigkeit auszubilden. Mit etwa 5 Jahren ist die Lateralität normalerweise ausgebildet. Mädchen entwickeln sie früher als Jungen.

### Linkshändigkeit

Linkshänder sollten nicht auf den Gebrauch der rechten Hand umerzogen werden.

Für die Sprachentwicklung ist es nicht von Bedeutung, ob sich das Kind zum Rechtshänder, wie es ca. 85 % aller Menschen tun, oder zum Linkshänder entwickelt. Eher ist zu befürchten, daß sich die Umerziehung eines Linkshänders zum Rechtshänder negativ auf die Sprachentwicklung auswirkt. Spiele, die zur Ausbildung der Lateralität beitragen, wirken sich vermutlich positiv auf die Sprachentwicklung aus.

Bei einigen Gegenständen des täglichen Bedarfs haben Linkshänder Schwierigkeiten, weil die üblichen Dinge auf Rechtshänder zugeschnitten sind. Stellt sich bei einem Kind heraus, daß es Linkshänder ist, sollten lieber eine entsprechende Schere und ein Spitzer für Linkshänder gekauft werden, als dem Kind unnötige Probleme aufzubürden. Anbieter mit Produkten speziell für Linkshänder finden Sie im Adressenverzeichnis (siehe Seite 141).

## Spielanregungen

Spielzeug zur Förderung der Feinmotrik gibt es für alle Altersstufen ab dem Säuglingsalter. Doch auch viele Alltagsgegenstände lassen sich dazu verwenden.

**Bauen**

Kleinkinder versuchen, möglichst hohe Türme aus Bausteinen aufzubauen. Das Bauen mit verschiedensten Materialien bleibt die ganze Kindheit hindurch eine beliebte und wichtige Beschäftigung, die gefördert werden sollte.

**Malen und Zeichnen**

Malen und Zeichnen in allen Entwicklungsstufen vom Kritzeln bis zum gegenständlichen Malen macht den Kindern fast immer Spaß (den Erwachsenen nur, wenn es auf geeigneter Unterlage geschieht).

**Kneten**

Kneten ist eine besonders empfehlenswerte Beschäftigung für Kinder; es wirkt sich segensreich auf die Hand- und Fingermotorik wie auch auf die Phantasie aus.

**Alltagsverrichtungen spielerisch üben**

Die Selbständigkeit beim An- und Ausziehen kann nur mit ausreichender Fingergeschicklichkeit erreicht werden. Druckknöpfe und Klettverschlüsse können Kinder schon früh öffnen und bald auch wieder schließen. Knöpfe und Reißverschlüsse erfordern schon etwas mehr Übung. Mit vier Jahren können viele Kinder auch schon die Schnürsenkel binden. Diese Verrichtungen des täglichen Lebens dauern länger, wenn es das Kind selbst probiert, bieten aber gute, lebensnahe Übungsmöglichkeiten für die Feinmotorik. Für das Kind ist ein Erfolg ein merklicher Schritt auf dem Weg zum »Großwerden«.

**Geschicklichkeitsübungen, Basteln**

Kleine Gegenstände von einer Fläche aufzunehmen, Perlen aufzufädeln, Watte zu zerzupfen und Papier zu zerreißen eröffnen neue Erfahrungen mit verschiedenen Materialien. Papier bietet auch beim Ausschneiden, Falten und Kleben vielfältige Geschicklichkeitsübungen.

Wichtig ist in diesem Zusammenhang, daß nicht allein das Endprodukt, sondern auch der Weg das Ziel ist. Wir Erwachsenen neigen zu oft dazu, den Falt- oder Ausschneidevorgang anhand eines mehr oder weniger gelungenen Produkts zu beurteilen, das auch vorführbar sein sollte. Ob die Oma erkennt, was da ausgeschnitten wurde, darf nicht das einzige Kriterium sein. Wichtiger ist, daß das Kind Erfahrungen mit dem Material sammeln und es auf seine Art verformen konnte. Ist das Kind stolz auf sein Produkt, dürfen Sie es auch loben. Das Urteil sollte aber trotz allem ehrlich sein, Sie können es vielleicht mit schon besser gelungenen Arbeiten von letzter Woche vergleichen. Wenn ein Kind mit seinem Produkt einmal unzufrieden ist und es gleich in den Papierkorb befördert, ist es vielleicht doch beim Ausschneiden ein wenig geschickter geworden. Das Ausschneiden war nicht sinnlos.

*Basteln mit Papier und Schere fördert die feinmotorischen Fähigkeiten des Kindes.*

## Förderung der Mundmotorik

Kinder, deren Sprache sich nicht normal entwickelt, sind oft ungeschickt im Umgang mit Lippen, Zunge, Gaumen und Unterkiefer. Sie haben Probleme mit der Mundmotorik. Bei der Überprüfung der Mundmotorik durch Ärzte oder Logopäden verweigern Kinder diesen Untersuchungsteil öfter als andere Untersuchungen wie etwa die Überprüfung der Laute, des Wortschatzes usw. Die Kinder sind sich also offenbar ihrer Ungeschicklichkeit bewußt. Um die Laute richtig bilden zu können, ist aber eine gewisse Geschicklichkeit im Gebrauch der Sprechwerkzeuge notwendig.

Die meisten Kinder lieben es, sich zu schminken oder schminken zu lassen. Mit geschminktem Gesicht machen die folgenden Übungen vielleicht noch mehr Spaß.

## Zungenübungen

**Übungen für die Zunge**

Die Zunge kann lernen, verschiedene Bewegungen zu machen. Sie soll:

- so weit wie möglich zur Nasenspitze hinaufwandern,
- so weit wie möglich zum Kinn hinuntersteigen,
- möglichst schnell aus dem Mund herausschnellen,
- in den rechten und linken Mundwinkel gehen,
- möglichst schnell zwischen beiden Mundwinkeln hin- und herspringen,
- die Ober- oder Unterlippe von einem zum anderen Mundwinkel ablecken,
- eine Rille bilden,
- die rechte und die linke Wange hinausdrücken,
- bei geschlossenem Mund zwischen Ober- bzw. Unterlippe und Zahnreihe hin- und herfahren,
- Krümel oder Cornflakes aufsammeln.

Außerdem kann man mit der Zunge schnalzen, und zwar mit den Zungenrändern, mit der Zungenspitze und mit dem Zungenrücken.

»Verpacken« Sie die Übungen in Geschichten.

Diese Übungen sind für Kinder ab dem Kindergartenalter am besten geeignet, jüngere Kinder werden einfachere Übungen eventuell nachmachen. Am besten werden die Anforderungen in irgendwelche Geschichten verpackt, in »nackter« Form werden viele Kinder wenig Lust dazu verspüren. Die Zunge geht also beispielsweise spazieren, sie geht aus dem Haus und geht wieder hinein, sie klettert auf das Dach und an der Seite wieder herunter, dann läuft sie ganz schnell auf die andere Seite des Hauses und ganz schnell wieder zurück. Die Zunge versteckt sich in der Wange, schaut vorsichtig am Mundwinkel heraus und versteckt sich wieder.

## Lippenübungen

Nicht nur die Zungenübungen, sondern vor allem die nun folgenden Lippenübungen können gut mit Hilfe eines Spiegels kontrolliert werden.

**Übungen für die Lippen**

Die Lippen können:
- breitgezogen und rundgemacht werden,
- ein Küßchen geben,
- eine kleine Kugel zerdrücken,
- einen Strohhalm halten, mit dem etwas gezeigt werden oder mit dem man Kügelchen oder Papierschnitzel ansaugen kann.
- Die Oberlippe kann vor die Unterlippe, die Unterlippe vor die Oberlippe gelegt werden.
- Die Wangen und die Mundwinkel können zwischen die Zahnreihen eingesaugt werden (Hasenschnute).
- Der Mund kann schief verzogen werden, man kann den rechten und den linken Mundwinkel unabhängig voneinander bewegen.

Meist finden Kinder, die die Lippen in Gruppen verziehen, die Grimassen der anderen schon sehr lustig. Größere Kinder sammeln auch mit einem Strohhalm angesaugte Papierschnitzel um die Wette auf.

## Übungen für die Wangenmuskulatur

Man kann die Wangen aufblasen, mit den Fingern gegen die Wangen klopfen, damit die Luft mit einem Blasegeräusch durch die Lippen entweicht. Man kann die Luft mal in die eine, dann in die andere Wange drücken. Und man kann viele eigene Bewegungen erfinden!

## Übungen zur Luftstromlenkung

Blasen erfordert nicht nur eine entsprechende Haltung von Lippen und Zunge, sondern vor allem auch eine störungsfreie Funktion des Gaumensegels. Bei der Bildung der Laute der deutschen Sprache ist fast immer ein Abschluß zwischen Mund- und Nasenraum erforderlich. Nur bei den Lauten [m], [n] und [ng] soll Luft durch die Nase entweichen. Bei allen anderen Lauten klingen die Laute genäselt (offenes Näseln), wenn Luft bei ihrer Bildung durch die Nase entweicht. Die Beweglichkeit des Gaumensegels kann auch durch Hauchen und Pfeifen trainiert werden, am häufigsten verwendet man aber verschiedenste Blasübungen.

**Blasübungen**

Blasen kann man mit den Lippen oder mit anderen hohlen Gegenständen. Mit einem Strohhalm im Mund kann man:

- Luft durch eine Flüssigkeit in einem Glas blasen,
- in ein Glas mit Seifenlösung blasen und so eine Schaumschlange aus dem Glas kriechen lassen,
- Watteballchen und Papierschnitzel wegblasen,
- Tüten aufblasen (und mit einem Knall platzen lassen),
- einen Farbklecks über ein Blatt Papier blasen,
- in einer Wasserschüssel Schiffchen fahren lassen,
- Federn fliegen lassen.

- Es gibt Blasrohrspiele und Bällchen, die man durch Pusten aus einem Körbchen in die Höhe blasen kann.
- Kerzen ausblasen erfordert eine gute Luftstromlenkung.
- Seifenblasen machen viel Spaß, die Luft muß dafür gut gelenkt und dosiert werden.
- Glasflächen oder Spiegel können angehaucht, die Hauchbilder durch Luftstromlenkung verändert werden.

**Wettspiele**

Manche Übungen lassen sich auch in Form von Wettkämpfen durchführen.

- Für die Schaumschlangen kann die Seifenlösung gefärbt werden und derjenige, der die längste Schlange produziert, hat gewonnen.

- Oder wie wäre es mit einer Watteböllchenolympiade? Dabei geht es darum, sein Wattebällchen schnellstmöglich auf die andere Tischseite zu befördern.
- Beim »Tischfußball« mit einem kleinen, leichten Ball oder Wattebällchen braucht man zwei Tore an zwei gegenüberliegenden Enden des Spielfeldes (möglichst mit Rand). Die beiden Spieler oder die beiden Mannschaften versuchen, den Ball ins gegnerische Tor zu blasen.
- Für ein anderes Ballspiel wird das Spielfeld in zwei Hälften geteilt und markiert. Zwei Mannschaften müssen nun versuchen, leichte Bälle über die Grenze ins gegnerische Feld zu blasen. Nach einer bestimmten Zeit (etwa ein oder zwei Minuten, mit dem Kurzzeitmesser aus der Küche gemessen) wird gezählt, wie viele Bälle in welchem Feld sind.

## *Übungen für das Gehör*

Da die Kontrolle der Sprache über das Gehör eine der wichtigsten Voraussetzungen für das Erlernen der Sprache ist, spielen Übungen der Differenzierung mit dem Gehör eine wichtige Rolle. Unsere Umwelt ist heute mit mehr Geräuschen erfüllt als früher, gleichzeitig wird diesen Geräuschen weniger Aufmerksamkeit geschenkt. Optische Informationen gewinnen immer mehr an Bedeutung, akustische Informationen werden oft zu Hintergrundrauschen, das wenig Beachtung findet. In nicht wenigen Haushalten, Geschäften, Büros läuft ununterbrochen ein Radio.

### Geräusche unterscheiden

Untersuchungen zeigten, daß Kinder mit Sprachentwicklungsverzögerungen häufig Schwierigkeiten in der Unterscheidung von Geräuschen mit dem Ohr aufweisen. Die Schulung des Gehörs kann schon beim Säugling und Kleinkind beginnen, indem Sie Ihr Kind auf bestimmte Geräusche aufmerksam machen. 2- oder 3jährige Kinder können Geräusche eines Schlüssels, einer Rassel, von aufeinandergeschlagenen Holzklötzchen, Musikinstrumenten und ähnlichem erraten, wenn die Geräusche zuerst mit und dann ohne Sicht erzeugt werden.

Verschiedenste Geräusche können auf Kassette aufgenommen und identifiziert werden.

Größere Kinder, die schon selbst einen Kassettenrekorder bedienen, können verschiedene Geräusche in der Wohnung aufnehmen (z. B. Wasserspülung, Staubsauger, Dusche), vorspielen und erraten lassen. Leider verfügen viele Rekorder heute nicht mehr über ein Mikrophon oder eine Mikrophonbuchse. Beim Kauf eines Kassettenrekorders für Kinder sollte deswegen unbedingt darauf geachtet werden, daß auch die Möglichkeit der Aufnahme besteht. Aufnehmen ist viel kreativer als Überspielen und Abspielen.

## Geräuschmemory

*Geräuschmemory*

Kinder im Kindergartenalter können ein »Geräuschmemory« spielen. In 12 identische Behälter werden verschiedene Materialien wie Reis, Murmeln, Perlen, Knöpfe, Büroklammern, Cornflakes, Erdnüsse, Mandeln, Rosinen usw. eingefüllt, so daß jeweils zwei Behälter gleich gefüllt sind. Durch Schütteln und Hören sollen die jeweils gleich gefüllten Behälter einander zugeordnet werden. Fortgeschrittene Spieler können auch erraten, was sich im Döschen verbirgt.

## Stimmen erraten

Interessant ist es auch, die Stimmen seiner Mitspieler mit verdeckten Augen zu erraten. Kleinere Kinder erraten eine Stimme eines Mitspielers, für größere Kinder können Stimmen auch auf Tonband aufgenommen werden, und das ratende Kind soll nicht nur die drei nacheinander gehörten Stimmen erken-

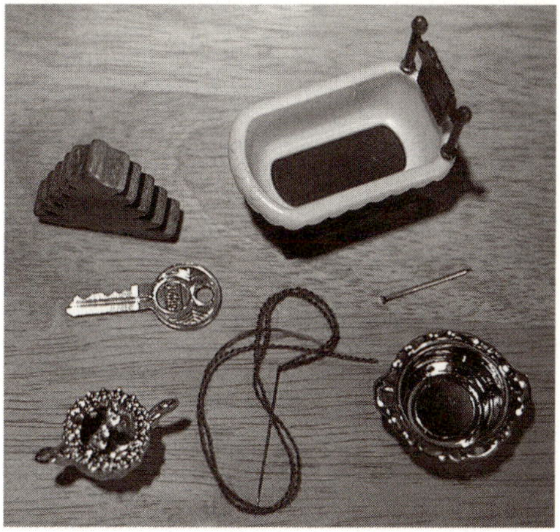

nen, sondern auch die Reihenfolge angeben können. Auch die Entwicklung des Hörgedächtnisses, wie sie mit verschiedenen nichtsprachlichen Geräuschen nacheinander geübt werden kann, ist für die regelrechte Sprachentwicklung wichtig.

### Schallquellen orten

Die Ortung einer Schallquelle schult das Gehör ebenfalls. Hierzu kann ein laut tickender Wecker versteckt und wieder gesucht werden. Eine andere Möglichkeit besteht darin, daß das Kind mit verschlossenen Augen die Richtung, aus der der Schall kommt, angeben muß.

*Mit Hilfe von Spielsachen kann die Unterscheidung von Lauten geübt werden*

### Unterscheidung von Lauten

**Übungen zur Lautunterscheidung**

Die Unterscheidung von Lauten kann spielerisch geübt werden. Man braucht dazu Spielsachen oder entsprechende Bilder, deren Bezeichnungen sich nur durch einen Laut unterscheiden, z. B.:
Tanne – Kanne – Wanne
Sahne – Fahne
Nagel – Nadel
Kirche – Kirsche
Schüssel – Schlüssel

Fordern Sie das Kind auf, den entsprechenden Gegenstand zu nehmen, und das Kind muß sich nun zwischen »Tanne«, »Kanne« und »Wanne« entscheiden.

## Sprach- und Sprechspiele

Neben dem alltäglichen Sprechen in möglichst vielen Situationen können zur Sprechförderung auch verschiedenste Wortspielereien, Verse, Reime, Fingerspiele usw. eingesetzt werden. Wichtig ist, daß diese Übungen den Kindern Spaß machen und nicht zum stupiden Nachsprechen oder gar Auswendiglernen dienen.

## »Krabbelsack«

Bei Kindern, die erst über wenige Wörter verfügen, kann man Begriffsbildung und Wortschatz mit einem »Krabbelsack« trainieren. In ein Säckchen aus Stoff kommen verschiedene Spielsachen oder Gegenstände, die das Kind kennt, etwa eine Plastikente, ein Ball, ein Schlüssel. Anfangs kann man von jedem Spielzeug zwei gleiche hineingeben und die Zuordnung des einen Balls zum anderen Ball üben. Dabei wird der Begriff »Ball« auch jeweils genannt. Später bittet man das Kind, einen bestimmten Gegenstand herauszuholen. Wenn das Kind den richtigen Gegenstand zuordnet oder auf die mündliche Bitte hin herausholt, hat es ein Lob verdient. Bei den ersten Versuchen reichen zwei Gegenstandspaare, doch im Laufe der Zeit werden es immer mehr Gegenstände und Begriffe.

## Tierlaute

Wird die Sprache von Handlung begleitet macht sie viel mehr Spaß.

Zu den ersten Wörtern gehören bei vielen Kindern Tierlaute. Beim Spiel mit Kuscheltieren können die Eltern diese Tierlaute imitieren und womöglich auch wie ein Hund gehen oder wie eine Ente dazu watscheln. Sprache, die im Handlungszusammenhang angeboten wird (Quaken und Watscheln), ist für Kinder immer interessanter als isolierte Sprache.

## Reime und Fingerspiele

Schon kleine Kinder, die noch über wenig eigene Sprache verfügen, lieben Kinderreime und Fingerspiele. Durch die begleitenden Bewegungen – zum Beispiel beim »Hoppe, hoppe, Reiter« – werden die Kinder mit dem Rhythmus der Sprache vertraut. Natürlich kann es nicht darum gehen, daß das Kind die Reime möglichst schnell auswendig lernt. Vielmehr sollen die Kinder lernen, daß Umgang mit Sprache Spaß machen kann, und den haben die meisten Kinder mit Reimen. Wenn das Kind den Reim kennt, ergänzt es auch gern das letzte Wort einer Zeile, das der Erwachsene einmal probeweise wegläßt.

**Reime**

Heile, heile Segen,
drei Tage Regen,
drei Tage Schnee,
tut's dem Kind schon nicht mehr weh.

Gretel, Pastetel, was machen die Gäns?
Sie sitzen im Wasser und waschen die Schwänz.
Gretel, Pastetel, was macht euer Schaf?
Es stehet im Stalle und ist wirklich brav.
Gretel, Pastetel, was macht eure Kuh?
Sie stehet im Stalle und macht immer »muh«.
Gretel, Pastetel, was machen die Katzen?
Sie schlecken die Milch, ich höre sie schmatzen.
Gretel, Pastetel, was macht euer Hahn?
Er steht auf der Mauer und kräht, was er kann.
Gretel, Pastetel, was macht eure Maus?
Sie knabbert am Käse und ich geh´ nach Haus.

Auf dem Berge Sinai
wohnt der Schneider Kikeriki.
Seine Frau, die alte Grete,
saß auf dem Balkon und nähte,
fiel herab, fiel herab,
und das linke Bein brach ab.
Kam der Doktor Hampelmann,
klebt das Bein mit Spucke an.

Ringel, Ringel, Reihe,
sind der Kinder dreie,
sitzen unterm Holderbusch,
machen alle husch, husch, husch.

Ringel, Ringel, Rosen,
schöne Aprikosen,
Veilchen und Vergißmeinnicht,
alle Kinder setzen sich.

Eine kleine Dickmadam
fuhr mal mit der Eisenbahn,
Eisenbahn, die krachte,
Dickmadam, die lachte,
setzte sich ins grüne Gras,
machte sich die Hose naß.

**Fingerspiele**

Das ist der Daumen,
der schüttelt die Pflaumen (Zeigefinger),
der liest sie auf (Mittelfinger),
der trägt sie nach Haus (Ringfinger),
und der ißt sie alle auf (kleiner Finger).

Der ist in den Brunnen gefallen (Daumen),
der hat ihn wieder rausgeholt (Zeigefinger),
der hat ihn ins Bett gelegt (Mittelfinger),
der hat ihn zugedeckt (Ringfinger),
und der kleine Schelm da
hat ihn wieder aufgeweckt (kleiner Finger)!

## Kinderlieder

Kinderlieder fördern die Sprache direkt durch den Text des Liedes, aber vor allem auch indirekt über das Vertrautwerden mit Melodie und Rhythmus. Sprache und Musikalität hängen zusammen, so daß man sich von einer Entwicklung der Musikalität eine positive Wirkung auf die Sprache versprechen kann.

Kinder mit Sprachentwicklungsverzögerungen sind oft nicht in der Lage, ein Lied »richtig« nachzusingen; je jünger ein Kind ist, desto schwerer fällt es ihm. Diese Probleme sollten der Freude am Singen, die die meisten Kinder mitbringen, keinen Abbruch

*Durch Fingerspiele wird das Kind mit dem Rhythmus der Sprache vertraut.*

tun. Die ersten musikalischen Versuche erreichen nie CD-Qualität, das ist ganz normal. Nur Übung macht den Meister.

Traditionelle Kinderlieder sind oft am besten zum Mitsingen geeignet.

Eine vieldiskutierte Frage lautet, welche Kinderlieder für Kinder geeignet sind. Traditionelle Kinderlieder haben meist den Vorteil, daß sie keinen zu großen Tonhöhenumfang und keine zu komplizierten Rhythmen, auch keine zu schnellen Passagen, wie man sie häufig in modernen Kinderliedern findet, aufweisen. Kinder können zwar mit ihrem Kehlkopf eine Vielzahl von Tonhöhen, insbesondere auch sehr hohe Töne, erzeugen, es gelingt ihnen aber nicht, sie gezielt in einem Lied zu produzieren.

**Tip**

Wählen Sie am besten Lieder aus, die einen Tonumfang von einer Quint oder Sext (5 oder 6 Töne) nicht überschreiten. Im Kindergartenalter eignen sich Lieder, bei denen man auch etwas tun kann, die sich in eine Spielhandlung einfügen lassen.

**Singspiele**

Summm, summm, summm, Bienchen summm herum!
Ei wir tun dir nichts zuleide, flieg nur aus in Feld und Heide!
Summm, summm, summm, Bienchen summm herum!
Such in Blumen, such in Blümchen dir ein Tröpfchen, dir ein Krümchen!
Summm, summm, summm, Bienchen summm herum!
Kehre heim mit reicher Habe, bau uns manche volle Wabe!
Summm, summm, summm, Bienchen summm herum!

Die Kinder »fliegen« mit ausgebreiteten Armen durch den Raum und sammeln Material, das für die Waben verwendet werden kann.

Ein Männlein steht im Walde ganz still und stumm,
es hat vor lauter Purpur ein Mäntlein um.
Sagt, wer mag das Männlein sein, das da steht im Wald allein
mit dem purpurroten Mäntelein?

Das Männlein steht im Walde auf einem Bein.
Es hat auf seinem Haupte schwarz Käpplein klein.
Sagt, wer mag das Männlein sein, das da steht im Wald allein
mit dem kleinen schwarzen Käppelein?

Ein Kind spielt das Männlein, das auf einem Bein steht und seine Hände als Hut auf den Kopf hält.

Große Uhren gehen tick, tack, tick, tack.
Kleine Uhren gehen ticke, tacke, ticke, tacke.
Und die ganz kleinen Uhren gehen ticketacke, ticketacke, ticketacke, tick.

Das Ticktack kann mit dem Kopf angezeigt werden oder mit Rhythmusinstrumenten gespielt werden.

Zeigt her eure Füßchen, zeigt her eure Schuh,
und sehet den fleißigen Waschfrauen zu.
Sie waschen, sie waschen, sie waschen den ganzen Tag.

»Waschen« wird dann ersetzt durch »wringen«, »hängen«, »bügeln« und »legen« und die Kinder können die jeweilige Bewegung im Rhythmus dazu ausführen.

Der Text dieser Kinderlieder darf natürlich auch abgewandelt werden. Diese neugedichteten Texte machen den Kindern oft noch mehr Spaß als die altbekannten.

Die Lucia steht im Garten auf einem Bein,
der Papa ruft: »Komm endlich zum Essen rein!«
Sagt, was macht die Lucia da, hüpft und singt fideralala,
und s´ ist ihr ganz egal, was der Papa sagt.

**Beachten Sie**

Eltern von Kindern mit Sprachproblemen sollten der Versuchung widerstehen, die gelernten Reime oder Lieder beispielsweise bei den Großeltern vorführen zu lassen. Es spricht selbstverständlich nichts dagegen, wenn ein Kind von sich aus auf eine solche Idee kommt. Gezwungen werden sollten Kinder zu solchen Vorstellungen aber nicht.

## Rollenspiele

Kinder ab dem Kindergartenalter lieben Rollenspiele. Beliebte Rollen sind Vater/Mutter/Kind, Arzt/Patient oder Helden aus verschiedenen Medien. Dem eigentlichen Rollenspiel geht das Symbolspiel (»Als-ob-Spiel«) voraus, das mit Sätzen wie »Du wärst die Mutter und ich wär das Kind« eingeleitet wird.

Solche Spiele fördern die Phantasie und die sprachliche Ausdrucksfähigkeit. Kinder spielen sie oft spontan, Eltern und Erzieherinnen können aber auch mit Ideen zu diesen Spielen anregen und eventuell mitspielen. Die Vorbereitung des Spiels und die Reflektion über das Spiel erfordern die sprachliche Verständigung, und die Rolle selbst erfordert den Einsatz von Sprache.

Für Rollenspiele gibt es zahllose Anregungen.

Dargestellt werden können Szenen im Familienleben (Aufstehen, im Bad, beim Frühstück, Streit ums Aufräumen), Berufe (Friseur, Tischler, Tierarzt, Verkäufer), Tiere (Hund, Löwe, Elefant) oder Phantasiegeschichten (Landung auf einer Insel, auf einem anderen Planeten, Zauberer, Fee, Unterwasserwelt).

**Kaufladen**

Eine besondere Form der Rollenspiele ist das Spiel mit Puppenhäusern oder im Kaufladen. Im Kaufladen kann man dem Kind zunächst eine immer wiederkehrende Reihenfolge von Sätzen anbieten, so daß das Kind diese Muster aufnehmen kann und so schnell das Erfolgserlebnis der geglückten Kommunikation hat. Durch den Umgang, das Verkaufen und Benennen kann hier der Wortschatz, etwa für Obst und Gemüse, Möbel oder alltägliche Handlungen, erweitert und gefestigt werden. Auch die ersten Fertigkeiten im Zählen oder sogar Rechnen können so spielerisch erworben werden.

**Puppenspiele**

Für Puppenspiele können sich Kinder ebenfalls sehr begeistern. Während Marionetten in aller Regel von Erwachsenen gespielt werden müssen, können Hand- und Fingerpuppen von Kindergartenkindern auch selbst bewegt werden. Für die Anregung der Sprachentwicklung sind dabei selbst gespielte Stücke, in denen das Kind auch selbst aktiv werden kann und sich am Dialog beteiligt, wertvoller als die gleichwohl sehr schönen Stücke der Augsburger Puppenkiste.

Wie im Rollenspiel können und sollen die Puppen extreme Charaktere aufweisen und beispielsweise auch Dinge tun, die sonst verboten sind. Da die Puppen nichts über die Mimik und wenig über die Gestik ausdrücken können, ist die sprachliche Ausdrucksfähigkeit noch mehr gefordert.

**Handpuppenspiel**

Schon bei kleinen Kindern kann ein Erwachsener in eine Handpuppe schlüpfen, das Kind unterhält sich dann mit der Handpuppe. Diese Gespräche sind für Kinder oft lustiger als das Gespräch mit dem Erwachsenen. Haben Kinder schon eine gewisse Befangenheit beim Sprechen entwickelt, weil sie festgestellt haben, daß sie auf diesem Gebiet Schwierigkeiten haben, ist für sie oft ein Gespräch mit der Puppe leichter als mit einem Erwachsenen.

## Einkaufen

Beim Einkaufen läßt sich spielerisch der Wortschatz erweitern.

Ein Besuch auf dem Wochenmarkt, bei dem man genug Zeit mitbringt, eignet sich sehr gut zur Wortschatzerweiterung. Ist das Kind noch jünger, sollten nicht zu viele Obst- und Gemüsesorten benannt, sondern beispielsweise überall die Äpfel und die Birnen gesucht werden. Das Kind kann so lernen, wie unterschiedlich Äpfel aussehen können, was man alles unter dem Begriff Apfel versteht. Wenn das Kind die einfacheren Begriffe schon beherrscht, gibt es immer noch viele verschiedene Obst-, Gemüse- und Salatsorten, die man sich ansehen kann. Sicher kann sich das Kind auch etwas aussuchen, was gekauft werden soll; dann fällt es bestimmt noch leichter, sich die Wörter zu merken. Zu Hause angekommen, werden die Einkäufe ausgepackt und an ihren Platz gelegt, auch dabei werden sie wieder benannt.

## Museumsbesuche

Mit Kindern im Kindergartenalter macht auch ein Besuch in einem Heimatmuseum oder einem Bauernhofmuseum viel Freude. Da gibt es viel zu bestaunen. Hier sieht das Kind Gegenstände, die es sonst nur aus dem Bilderbuch kennt. Hat man die Dinge selbst einmal gesehen, bleiben sie und die dazugehörigen Begriffe besser in der Erinnerung. Außerdem bietet die Begegnung mit der Welt der Großeltern und Urgroßeltern reichlich Gelegenheit, die verschiedenen Vergangenheitsformen in der Sprache zu hören.

## Zoobesuch

Ein Besuch im Tierpark oder Zoo bietet eine weitere Möglichkeit, den Wortschatz zu erweitern. Für kleinere Kinder reicht die Größe eines Tierparks aus. In einem großen Zoo sollten die

Ein Besuch im Zoo bietet vielerlei Gesprächsanregungen.

Erwachsenen der Versuchung widerstehen, unbedingt alle Tiere sehen zu wollen. Das ist für kleinere Kinder zu viel, sie verlieren den Spaß an dieser Unternehmung. Besser ist es, einige Tiere genauer zu beobachten, auch zu besprechen, was die Tiere im Augenblick tun.

*Beim spielerischen Telefonieren lernen Kinder, aktiv mit Sprache umzugehen.*

## Telefonieren

Telefonieren ist für Kinder mit Sprachschwierigkeiten oft schwieriger, als Erwachsene annehmen. Während sich Kinder mit Einschränkungen des Sprachverständnisses im normalen Gespräch durch die richtige Einschätzung der Situation und Kinder mit Defiziten in der sprachlichen Ausdrucksfähigkeit durch Zeigen, Gestik, Mimik helfen können, entfallen diese Möglichkeiten beim Telefonieren vollkommen. Hier sind die Gesprächspartner fast nur auf Informationsübermittlung mittels Sprache angewiesen. Weil das Kind seinen Gesprächspartner nicht sieht und vielleicht auch nicht richtig versteht, lehnt es möglicherweise jede Äußerung am Telefon ab. Oft reagieren Kinder mit Nicken und Zeigen auf Fragen des Gesprächspartners, der diese Antworten natürlich nicht wahrnehmen kann. Hier erweist sich ein Telefon mit Freisprecheinrichtung als nützlich: Ein weiterer Gesprächspartner kann sich als Übersetzer in das Gespräch miteinschalten.

**Telefonieren spielen**

Telefonieren zu spielen macht hingegen viel mehr Spaß und bietet eine schöne Möglichkeit, mit Sprache aktiv umzugehen. Wenn Ihr Kind Sprachprobleme hat oder noch sehr klein ist, sollten Sie immer mit Telefonieren bei bestehendem Blickkontakt beginnen. Als nächste Stufe kann telefonieren mit abgewandtem Mund und zuletzt ohne Sichtkontakt versucht werden.

## Tagebuch führen

Das Führen eines Tagebuchs bietet Gelegenheit, über die Ereignisse des Tages zu sprechen.

Kinder lieben Bilder von sich selbst. Gern betrachten sie im Fotoalbum Bilder von sich und ihnen bekannten Personen. Schön ist es auch, mit dem Kind ein eigenes Buch anzufertigen. Eingeklebt werden nicht nur Fotos von bekannten Personen, sondern auch Bilder aus verschiedenen Themenkreisen, die man ausschneiden kann, wie etwa Tiere, Obst, Geschirr, Kleider. Von einem Ausflug bringt man eine Ansichtskarte oder einen Prospekt mit, daneben kann vielleicht die Fahrkarte kleben. Auch Stücke von Verpackungen von Spielzeug haben Erinnerungswert.

Solch ein Buch kann, muß aber nicht, wie ein Tagebuch geführt werden, so daß also jeden Tag etwas dazukommt. Gerade wenn das Buch Tagebuchcharakter hat, wird man nicht jeden Tag etwas Passendes zum Einkleben finden. Dann dürfen sich die Eltern oder andere regelmäßige Bezugspersonen als Zeichenkünstler versuchen. Das Kind wird das Bild als solches honorieren und bestimmt nicht so strenge Maßstäbe anlegen, wie es die Eltern selbst vielleicht tun würden. Das Zusammenstellen der Materialien, das Anfertigen des Buches und das Betrachten bieten viele Möglichkeiten, dem Kind Sprache anzubieten.

## Sprachwettspiele und Ratespiele

Kinder ab dem Vorschulalter, die schon eine gewisse Geschicklichkeit im Umgang mit Sprache besitzen, haben oft viel Spaß mit Sprachwettspielen.

**Gegenstände beschreiben und erraten**

Zwei Mannschaften können gegeneinander spielen, indem immer die eine einen Gegenstand beschreibt, ohne ihn selbst zu nennen (wie bei »Dingsda«), und die andere errät, um was es sich handelt.

**Pantomime**

Tätigkeiten wie Zähne putzen, Geschirr abtrocknen, Rollschuhfahren oder Bügeln können pantomimisch vorgespielt und von den Kindern erraten werden.

**Tiere erraten**

Aus einem Sack, in dem sich Spieltiere befinden, nimmt einer, eventuell auch ein Erwachsener, jeweils ein Tier heraus, ohne daß die anderen es sehen. Er beschreibt dieses Tier (»Es hat eine graue Haut, ist sehr groß und hat große Zähne ...«), und die Kinder raten um die Wette, welches Tier es sein könnte.

**Fernsehansagerin spielen**

Statt zuviel fernzusehen kann man auch Fernsehansagerin spielen. Ein Kind erklärt, um was es in einer bekannten Sendung geht, und die anderen müssen die Sendung erraten.

**Verrückte Gerichte erfinden**

Kinder ab dem Vorschulalter können Lebensmittel oder auch Uneßbares zu vergnüglichen Gerichten zusammensetzen.

Die Vorstellung, als Vorspeise Fischklößchen in Himbeersauce, als Hauptspeise Hähnchen, gefüllt mit Gummibärchen und Spinat, und als Dessert Leberpudding mit Heringssalat zu servieren, macht Kindern Appetit auf die Zusammenstellung neuer Gerichte.

Wenn je nach Vereinbarung auch nicht eßbare Bestandteile erlaubt sind, könnte die Menüfolge lauten:

- Shampoo mit Haargummis,
- Radiergummi mit Senf und Kräutern,
- grüne Grütze mit Waschpulver.

**Wörter sammeln**

Um die Wette kann man auch Wörter zu einem bestimmten Thema sammeln:

Was kann man mit der Hand machen?

- sich waschen
- trinken
- malen
- streicheln
- trommeln

Was ist groß?

- eine Palme
- eine Giraffe
- unser Haus
- der Papa
- die Kirche

**Ich sehe was, was du nicht siehst.**

Dies ist ein immer noch beliebtes Spiel, zu dem keinerlei Ausrüstung oder Vorbereitung notwendig ist. Es kann also auch auf langen Autofahrten gespielt werden. Ein Mitspieler sucht sich einen in der Umgebung sichtbaren Gegenstand aus und beginnt mit: »Ich sehe was, was du nicht siehst, und das ist ... rot«. Die anderen müssen anhand der Farbe diesen Gegenstand erraten.

**Alle Vögel fliegen hoch**

Beim altbekannten Spiel »Alle Vögel fliegen hoch« nennt ein Mitspieler im 2. Satzteil einen Gegenstand oder ein Wesen, das fliegen kann oder nicht. Die anderen Spieler müssen bei einer richtigen Aussage, also z. B. bei »Alle Vögel fliegen hoch, die Schwalben«, die Arme hochhalten, bei einer falschen, wie »Alle Vögel fliegen hoch, die Katzen«, die Arme unten lassen.

**Ich packe meinen Koffer**

Beim Spiel »Ich packe meinen Koffer« packen die Mitspieler nacheinander jeweils ein weiteres Kleidungsstück oder Gepäckteil in den Koffer, und jeder Spieler muß vor dem Dazupacken alles aufzählen, was die anderen zuvor nannten.

Zur Abwechslung kann man ja auch einmal die Schwimmtasche oder einen Picknickkorb packen. Diese Spiele sind gleichzeitig ein gutes Gedächtnistraining.

**Fehler suchen**

Fehler bei anderen zu suchen macht schon Kindern großen Spaß. Hierfür bieten sich verschiedenste Möglichkeiten. Kennen Kinder einige Lieblingsgeschichten sehr gut, so kann man mit Absicht den Inhalt verändern, und das Kind soll den Fehler entdecken, also beispielsweise daß Rotkäppchen einem Löwen im Wald begegnet. Kennt ein Kind den Text schon fast auswendig, kann man auch den Text weniger offensichtlich verändern. Vielen Kindern fallen bei bekannten Texten sogar Fehler auf, die den Sinn nicht verändern.

Aber auch ohne vorgegebenen Text kann man Fehlersätze konstruieren. Je nach dem sprachlichen Stand des Kindes können die Fehler leichter oder schwerer zu erkennen sein:

»Der Elefant ist rot.«

»Der Teddy hat ja ein Loch im Topf (statt Kopf).«

# 9 KAPITEL Medien

## Fernsehen

Fernsehen erzieht zur Passivität.

Fernsehen ist natürlich nicht grundsätzlich schlecht und sicher auch nicht die einzige Ursache für die Zunahme von Sprachentwicklungsstörungen, wie oft behauptet wird. Aber Fernsehen erzieht zur Passivität. Man braucht keine Freunde zu besuchen und keine einzuladen. Das Fernsehen sorgt für Unterhaltung.

Kinder, die täglich Stunden vor dem Fernsehgerät sitzen, lernen weniger, mit anderen Kindern zurechtzukommen. Das fertige Angebot an Spiel und Spaß ohne Mißerfolge macht Eigeninitiative und Phantasie unnötig.

In vielen Familien ersetzt das Fernsehen auch die Unterhaltung während des Abendessens. Diese Unterhaltung böte eigentlich eine gute Gelegenheit zum Austausch der Erlebnisse des Tages und damit auch die Chance für Kinder, Sprache in angenehmer Weise zu üben.

Auf diese und andere Weise beschneidet das Fernsehen die Möglichkeiten einer natürlichen und entspannten Kommunikation.

## Negative Auswirkungen des Fernsehens

Die Phantasie wird eingeschränkt.

Bei vielen Kindern ersetzt das Fernsehen zu oft den Umgang mit anderen Menschen und wirkliche Erlebnisse. Das Fernsehen bietet fast zu jeder sprachlichen Information optische Inhalte. Die Fähigkeit, sich in der Phantasie Bilder zu einer erzählten oder vorgelesenen Geschichte vorzustellen, wird nicht gebraucht und nicht geübt.

Je nach dem Entwicklungsstand des Kindes und vor allem abhängig von den Sendungen wirkt sich Fernsehen unterschiedlich auf die Sprachentwicklung aus. Kinder, deren Sprachverständnis für die jeweilige Sendung nicht ausreicht, werden sich vorwiegend für die visuelle Information interessieren. Sehen solche Kinder ungeeignete Sendungen, können sich leicht Ängste aufbauen, die das Kind mit seinen aktuellen sprachlichen Fähigkeiten noch nicht ausdrücken kann. Trotzdem verbringen manche 1- und 2jährigen Kinder viel Zeit vor dem Fernsehapparat, weil die Eltern so müde sind, daß sie keine Initiative mehr ergreifen, oder weil die Kinder so auf bequeme Weise ruhiggestellt sind.

Für die Hör- und Sprachentwicklung ist die Zeit vor dem Fernseher verlorene Zeit.

1985 wurde im Fernsehen durchschnittlich eine Stunde Werbung gesendet, 1992 waren es schon fast sechs Stunden täglich, 1994 17 Stunden. Im Durchschnitt sieht der Bundesbürger im Laufe eines Jahres über acht Tage lang ausschließlich Reklame. Da Kinder als wichtige Zielgruppe der Werbung erkannt wurden (Kinder beeinflussen heute die Kaufentscheidungen der Eltern und sind die Konsumenten von morgen), richtet sich immer mehr Werbung an Kinder. Die Werbespots sprechen meist stärker die visuelle Wahrnehmung an. Sprache kommt nur noch bruchstückhaft vor. Diese Sprachverarmung wird aber auch von anderen Fernsehsendungen übernommen.

Werbung beeinflußt Kinder und fördert die Sprachverarmung.

## Wie sollen Eltern mit dem Fernsehen umgehen?

Ab dem Kindergartenalter können Kinder von geeigneten Sendungen durchaus profitieren. Eine Untersuchung zeigte, daß Fernsehen den Wortschatz erweitern kann. Die Kinder sehen und hören von Tieren, Dingen und Umständen, die in ihrer natürlichen Umgebung nicht vorkommen. Vorschulkinder von heute haben, wohl hauptsächlich durch die Medien, oft schon ein Wissen, das vor 100 Jahren manche Menschen ihr Leben lang nicht erreichten. Dafür fehlt den Kindern von heute oft die direkte Erfahrung mit allen Sinnen. Eine Kindersendung, in der erklärt wird, wie eine Melkmaschine funktio-

Wählen Sie für Ihr Kind nur Sendungen aus, die seinem Alter angemessen sind.

niert, ist zweifellos interessant. Optimal ist es, wenn das Kind zusätzlich auch das Fell der Kuh streicheln und die Kühe im Stall riechen kann.

**Beachten Sie**

Sowohl für die psychische Verarbeitung von vielleicht falsch Verstandenem als auch für den aktiven Gebrauch der Sprache ist es gerade bei jüngeren Kindern von großem Vorteil, wenn ein Erwachsener die Sendung mitansieht und hinterher mit dem Kind darüber sprechen kann.

## *Kassetten*

Musikkassetten können Kinder an Musik heranführen.

Die meisten Kinder sind heute stolze Besitzer eines eigenen Kassettenrekorders, den sie auch – wann immer sie wollen – mit scheinbar perfekt gestalteten Kassetten bestücken. Zum einen gibt es Musikkassetten, zum Beispiel mit Kinderliedern. Die Kassetten sollten Erwachsene allerdings vorher anhören, nicht selten singen die aufgenommenen Kinderchöre falsch, was sicher nicht zur Schulung des Gehörs beiträgt. Gut gemachte Kinderliederkassetten wirken sicher positiv, indem sie Kinder an die Musik heranführen. Weiter gibt es Kassetten mit Erzählungen und Geschichten, vom nur vorgelesenen Märchen bis zur perfekt klangtechnisch durchgestylten Story.

Erzählkassetten sollte man nicht als »Geräuschkulisse« laufenlassen.

Häufig glauben Eltern oder Großeltern, mit ganz normalem Lesen gegen Erzählkassetten nicht anzukommen. Das ist aber sicher nicht richtig. Vorlesen lieben die Kinder meist mehr; der Vorlesende kann die Bilder erklären, und das Kind hat jederzeit die Möglichkeit rückzufragen. Die Aufmerksamkeit des Kindes kann für längere Zeit erreicht und damit geübt werden, ganz im Gegensatz zu Kassetten, die oft nur als Hintergrundgeräusch weiterlaufen, ohne daß zugehört wird. Die nur als ständige Geräuschkulisse eingesetzte Märchenkassette ist sicher kein wünschenswerter Umgang mit akustischer Information. Dieses Phänomen der ständigen akustischen Berieselung, das in unserer Gesellschaft allzu üblich geworden ist, trägt vermutlich auch zu dem bei vielen Kindern zu beobachtenden Problem bei, wichtige von unwichtiger Information nicht trennen zu können.

**Beachten Sie**

Gegenüber dem Hören von Kassetten wird beim Vorlesen meist ein besseres Verständnis erreicht, weil das Kind rückfragen kann und mit seiner Aufmerksamkeit eher bei der Sache bleibt. Da der Kassettenrekorder nicht antworten wird, kommt das zuhörende Kind nur beim normalen Vorlesen selbst zum Fragen und Sprechen.

## Computer

Der Umgang mit dem Computer bietet kaum die Chance, Sprache zu üben.

Auch Computer stehen heute immer häufiger in Kinderzimmern von Vorschulkindern, oder die Kinder spielen am Computer der Familie. Es besteht auch kein Zweifel, daß heute fast jeder Mensch sich im Laufe seines Lebens mit Computern vertraut machen muß. Die Programme für Kinder sind freilich vom pädagogischen Standpunkt aus betrachtet von sehr unterschiedlichem Wert. Setzt man voraus, daß diese Programme von den Eltern entsprechend ausgewählt werden, bringt der Computer immer noch den Nachteil mit sich, daß die sprachliche Entwicklung wenig gefördert wird. Ein Memory, das ein Kind mit dem Computer spielt, mag Aufmerksamkeit und Gedächtnis ähnlich wie ein konventionelles Memory fördern; die sprachliche Aktivität, die sich beim normalen Spiel auf natürliche Weise ergibt, ist beim Spiel mit dem Computer unnötig. Die Chance, Sprache zu üben, besteht in dieser Situation nicht. Dieser Nachteil gilt generell für die Beschäftigung am Computer.

10 KAPITEL

# Zweisprachigkeit

Sprechen die Eltern eines Kindes unterschiedliche Sprachen oder wächst es in einem Land auf, in dem eine andere Sprache gesprochen wird als die seiner Eltern, wird das Kind schon sehr früh mit verschiedenen Sprachsystemen konfrontiert. Außer diesen beiden häufigsten Situationen gibt es natürlich noch viele andere Konstellationen.

Kinder, die von Geburt an mit zwei Sprachen aufwachsen, lernen meist beide problemlos.

Für Kinder mit einer normalen Sprach- und allgemeinen Begabung stellt eine zweisprachige Erziehung kein Problem dar. Die meisten Kinder, die von Geburt an mit zwei Sprachen aufwachsen, lernen beide Sprachen fehler- und akzentfrei. Auch für Kinder, die im Vorschulalter mit der zweiten Sprache konfrontiert werden, trifft dies meist zu. Bei älteren Kindern und Erwachsenen spielt das Alter, in dem die zweite Sprache erlernt wird, eine entscheidende Rolle.

Etwa bis zur Pubertät kann eine zweite Spache akzentfrei erlernt werden, auch wenn es natürlich individuelle Unterschiede gibt. Jüngste Untersuchungen der Hirnaktivität zeigten tatsächlich Unterschiede zwischen solchen zweisprachigen Individuen, die die zweite Sprache von Geburt an erlernten, und solchen, die die zweite Sprache erst im zweiten Lebensjahrzehnt erlernten, aber auch die zweite Sprache flüssig sprachen. Die zweite Sprache wird also, wenn sie später erlernt wird, nicht nur mühsamer erlernt, sondern auch anders im Gehirn abgespeichert. Dies stimmt mit der Erfahrung überein, daß bei zweisprachigen Patienten, die eine Sprachstörung durch einen Unfall oder einen Schlaganfall erleiden, meist nicht beide Sprachen gleich stark von der Störung betroffen sind.

So ist also eine zweisprachige Umgebung für die meisten Kinder eine Chance, zwei Sprachen fehlerfrei zu erlernen und sich damit auch in zwei Kulturkreisen zu Hause zu fühlen.

Eine zweisprachige Erziehung kann eine lebenslange Bereicherung darstellen.

Untersuchungen in Israel (hebräisch–englisch), in den Südstaaten der USA (spanisch–englisch) und in Kanada (französisch–englisch) verglichen zweisprachig mit einsprachig aufgewachsenen Kindern. In den meisten Sprachleistungen ergaben sich keine Unterschiede. Die zweisprachig aufgewachsenen Kinder hatten pro Sprache einen geringeren Wortschatz. Dafür wiesen sie ein besseres Gefühl für grammatikalische Strukturen auf.

**Tip**

Soll ein Kind zweisprachig aufwachsen, ist es wichtig, in der gleichen Situation möglichst immer die gleiche Sprache zu verwenden.

Sprechen die Eltern unterschiedliche Sprachen, so sollte jeder Elternteil immer nur in seiner Sprache mit dem Kind sprechen. Die Trennung sollte für das Kind immer klar erkennbar bleiben. Spricht die Mutter eines in Deutschland lebenden italienischen Kindes kein fehlerfreies Deutsch, sollte sie mit ihrem Kind italienisch sprechen, und das Kind sollte im Umgang mit seinen deutschsprechenden Freunden Deutsch lernen.

**Beachten Sie**

Tritt bei einem Kind, das zweisprachig aufwächst, eine Sprachentwicklungsverzögerung auf, muß diese Situation im Umgang mit diesem Kind Berücksichtigung finden.

## Erstsprache – Zweitsprache

Es ist davon auszugehen, daß beide erlernten Sprachen voneinander abhängig erworben werden. Erlernt ein türkisches Kind die deutsche Sprache erst im Kindergarten, baut die

Sprachentwicklung im Deutschen auf der Entwicklung im Türkischen auf. Die türkischen Sprachkenntnisse sind wie die damit in Zusammenhang stehenden geistigen und sozialen Fähigkeiten wichtige Bedingungen für den Erwerb der Zweitsprache.

Beide Sprachen sollten gleichermaßen »wichtig« sein.

Bei der häufigen Situation, daß ein Kind zu Hause bei seinen Eltern die eine Sprache hört (z.B. türkisch) und im Kindergarten deutsch gesprochen wird, kommt es oft noch vor, daß dem Kind im Kindergarten verboten wird, mit anderen türkischen Kindern türkisch zu sprechen. Die Erzieherinnen denken an die bevorstehende Einschulung in eine deutsche Schule und möchten, daß es möglichst schnell mit der deutschen Sprache vertraut wird. Oft fühlen sich auch die Eltern unter Druck und sprechen ebenfalls deutsch mit den Kindern, wobei sie oft auch Fehler in Aussprache und Grammatik weitergeben. Die Kinder erleben dadurch ihre Muttersprache (das Türkische) als minderwertig, fühlen sich in ihrer Identität angegriffen und sind immer weniger motiviert, in der Muttersprache mit ihren Eltern zu reden. Andere Kinder spüren die Ablehnung ihrer Muttersprache durch die Sprecher der Mehrheitssprache (die deutsch Sprechenden lehnen das Türkische ab) und reagieren darauf mit einem Widerstand gegen das Erlernen der deutschen Sprache. Manchmal verweigern Kinder in dieser Situation auch jede sprachliche Kommunikation.

**Allgemein gilt**

Verschiedene Forschungsprojekte zeigen, daß gerade die Übung der Muttersprache eine wichtige Voraussetzung ist, die Zweitsprache Deutsch angemessen zu erwerben. Die sprachlichen Grundlagen der Muttersprache begünstigen den Zweitspracherwerb.

Beide Sprachen werden mit denselben Strategien erworben. Liegt ein ausgewogenes Angebot beider Sprachen vor, dann nähert sich das Kind in beiden Sprachen allmählich der Normsprache. Die Stabilität der Sprachen hängt vom Angebot an gehörter Sprache und vom praktischen Gebrauch der Sprache ab. Das Kind lernt beide Sprachen, indem es sie einsetzt. Zweisprachige Menschen verwirklichen ihre Ziele in beiden Sprachen.

Ein Kind, das erleben kann, wie es in zwei Sprachen handlungfähig wird, entwickelt eine hohe Motivation, beide Sprachen zu erlernen und einsetzen zu können. Die Eltern und Bezugspersonen sollten für die Chancen, die eine »natürliche Zweisprachigkeit« bietet, möglichst günstige Bedingungen schaffen.

Solange das Kind nicht überfordert wird, ist eine zweisprachige Erziehung sehr zu begrüßen.

Freilich gibt es auch Situationen, in denen eine einsprachige Erziehung für ein Kind günstiger ist als eine zweisprachige Erziehung. Ein stark hörbehindertes Kind oder ein intellektuell minderbegabtes Kind wird durch eine mehrsprachige Situation möglicherweise überfordert.

## Dialekt

Kinder, die in einer Umgebung aufwachsen, in der ein Dialekt gesprochen wird, und dann später, zum Beispiel in der Schule, mit der Hochsprache konfrontiert werden, befinden sich in einer ähnlichen Situation wie zweisprachig aufwachsende Kinder, wenn auch die Unterschiede zwischen dem Dialekt und der Hochsprache weniger groß sind als bei nicht miteinander verwandten Sprachen.

Dialekte unterscheiden sich in allen Ebenen der Sprache von der Hochsprache:

**Auf der Lautebene:**

- Im Schwäbischen wird das [st] im Auslaut, zum Beispiel in »ist« als [scht] statt als [st] ausgesprochen.
- Im Sächsischen werden viele stimmlose (harte) Konsonanten zu stimmhaften (weichen).

**Auf der Ebene der Grammatik:**

- Viele deutschen Dialekte kennen keinen Genitiv, sondern umschreiben ihn, zum Beispiel mit »von«.
- »Ick habe dir lieb« heißt es im Berlinerischen statt »Ich habe dich lieb«.

**Auf der Ebene des Wortschatzes:**

- In Bayern heißt Quark »Topfen«.
- Der Topf heißt im Rheinhessischen und benachbarten Dialekten »Dibbe«.
- Die vielen Vokabeln für Brötchen wie »Schrippen«, »Weckle«, »Semmel« sind in die Hochsprache der jeweiligen Region eingegangen.

Der Dialekt schafft ein Zugehörigkeitsgefühl und sollte dem Kind nicht verboten werden.

Diese Unterschiede zwischen Hochsprache und Dialekt führen dazu, daß ein Kind, das zunächst einen Dialekt erlernt, mit der Hochsprache neue Regeln erlernen muß. Das heißt aber nicht, daß eine Erziehung im Dialekt abzulehnen ist. Wie jede andere Sprache bietet auch der Dialekt die Möglichkeit der Identifikation mit und der Anerkennung durch eine bestimmte Gruppe. Menschen, die nur die Hochsprache beherrschen, werden in manchen Kreisen nie heimisch. Ähnlich wie bei der zweisprachigen Erziehung ist es für das korrekte Erlernen des Dialekts und der Hochsprache wichtig, daß das Kind beide Sprachen als gleichwertig erlebt.

# Anhang

## Adressen von Ärzten und Sprachtherapeuten

Adressen von Ärzten und Therapeuten finden Sie im Branchentelefonbuch.

Adressen von Sprachtherapeuten vermitteln auch:
- Ärzte für Phoniatrie und Pädaudiologie
- Kinderärzte
- Hals-Nasen-Ohren-Ärzte
- Gesundheitsämter
- Krankenkassen
- Kindergärten
- Kinderzentren, Sonderkin dergärten, Schulen

Die in Ihrer Region arbeitenden Therapeuten der jeweiligen Berufsgruppen erfahren Sie auch bei folgenden Verbänden:

Deutscher Bundesverband für Logopädie e.V.
Augustinusstraße 9d
50226 Frechen
Tel.: (02234) 69 11 53

Deutsche Gesellschaft für Sprachheilpädagogik e.V.
Goldammerweg 34
12349 Berlin
Tel.: (030) 66 10 04

Berufsverband der Atem-, Sprech- und Stimmlehrer/innen, Lehrervereinigung Schlaffhorst-Andersen e.V.
Marion Walke
Rothenbaumchaussee 17
20148 Hamburg
Tel.: (040) 4 10 74 23

## Weitere hilfreiche Adressen

Deutsche Gesellschaft für Phoniatrie und Pädaudiologie
Prof. Dr. med. Manfred Gross
Klinik für Audiologie und Phoniatrie
Universitätsklinikum Benjamin Franklin FU Berlin
Fabeckstr. 62
14195 Berlin
Tel.: (030) 84 45 24 35
Fax: (030) 84 45 68 55

Deutsche Gesellschaft für Sprach- und Stimmheilkunde
Prof. Dr. Dr. Johannes Pahn
Abteilung für Phoniatrie und Pädaudiologie der HNO-Klinik
Universität Rostock
Albert-Einstein-Str. 29a
18059 Rostock
Tel./Fax: (0831) 44 30 45

Nationale Kontakt- und Informationsstelle zur Anregung und Unterstützung von Selbsthilfegruppen (NAKOS)
Albrecht-Achilles-Straße 65
10709 Berlin
Tel.: (030) 8 91 40 19

Bundesgemeinschaft der Eltern und Freunde schwerhöriger Kinder e.V.
Hannelore Hartmann
Pirolkamp 18
22397 Hamburg
Tel.: (040) 6 07 03 44
Fax: (040) 6 07 23 61

Bundesvereinigung Stotterer-Selbsthilfe e.V.
Gereonswall 112
50670 Köln
Tel.: (0221) 1 39 11 06
Fax: (0221) 1 39 13 70

Interdisziplinäre Vereinigung für Stottertherapie e.V.
Dr. Joachim Renner
Julius-Reiber-Str. 18
64293 Darmstadt
Tel./Fax: (06151) 99 77 87

Selbsthilfevereinigung für Lippen-Gaumenfehlbildungen e.V.
Wolfgang Rosenthal Gesellschaft
Donaustraße 6
35625 Hüttenberg
Tel.: (06403) 55 75

Bundesverband der Elterninitiativen zur Förderung hyperaktiver Kinder
Irene Braun
Postfach 60
91291 Forchheim
Tel.: (09191) 3 48 74

Arbeitskreis Überaktives Kind
Dietrichstraße 9
30159 Hannover
Tel.: (0511) 6 36 27 29
Fax: (0511) 3 63 27 72

Verein zur Förderung Wahrnehmungsgestörter Kinder e.V.
Büdinger Straße 17
60435 Frankfurt/Main
Tel.: (069) 95 43 18-0
Fax: (069) 95 43 18 17

Aufmerksamkeitsdefizit-
Syndrom (ADS) e.V.
Postfach 1211
71366 Weinstadt

Bundesverband
Legasthenie e.V.
Königstraße 32
30175 Hannover
Tel.: (0511) 31 87 38
Fax: (0511) 31 87 39

Bundeselternvereinigung
für anthroposophische
Heilpädagogik und Sozial-
therapie e.V.
Schloßstraße 9
61209 Echzell
Tel.: (06035) 8 11 90
Fax: (06035) 8 12 17

Mehr Zeit für Kinder e.V.
Fellnerstraße 12
60322 Frankfurt/Main
Tel.: (069) 1 56 89 60
Fax: (069) 1 56 89 10

LERNEN FÖRDERN – Bundes-
verband zur Förderung Lern-
behinderter e.V.
Rolandstraße 61
50677 Köln
Tel.: (0221) 38 06 66
Fax: (0221) 3859 54

Aktion Sonnenschein
Hilfe für das mehrfachbehin-
derte Kind e.V.
Heigelhof 63
81377 München
Tel.: (089) 7 10 09 -152
oder -158
Fax: (089) 71 00 91 48

Aktion Sorgenkind e.V.
Franz-Lohe-Straße 17
53129 Bonn
Tel.: (0228) 22 61
Fax: (0228) 2 09 22 10

Bundesarbeitsgemeinschaft
Hilfe für Behinderte e.V.
(BAGH)
Kirchfeldstraße 149
40215 Düsseldorf
Tel.: (0211) 31 00 60
Fax: (0211) 3 10 06 48

Bundesverband für Körper-
und Mehrfachbehinderte e.V.
Brehmstraße 5–7
40239 Düsseldorf
Tel.: (0211) 64 00 40
Fax: (0211) 6 40 04 20

Bundesvereinigung Lebens-
hilfe für Menschen mit
geistiger Behinderung e.V.
Raiffeisenstraße 18
35043 Marburg
Tel.: (06421) 49 10
Fax: (06421) 49 11 67

Bundesverband behinderte
Pflegekinder
Große Straße 100
26871 Papenburg-Aschendorf
Tel.: (04962) 10 33 und 62 23
Fax: (04962) 66 26

Bundesverband »Das frühgeborene Kind« e.V.
Von-der-Tann-Straße 7
69126 Heidelberg
Tel.: (06221) 3 23 45
Fax: (06221) 37 39 91

Libero – Hilfe für das Kind mit Krankheiten des Nervensystems e.V.
Frau Anni Boschulte
Tischlerweg 15
38126 Braunschweig
Tel./Fax: (0531) 69 75 70

Bundesverband »Hilfe für das autistische Kind« e.V.
Bebelallee 141
22297 Hamburg
Tel.: (040) 5 11 56 04
Fax: (040) 5 11 08 13

Deutscher Kinderschutzbund
Bundesverband e.V.
Schiffgraben 29
30159 Hannover
Tel.: (0511) 30 48

## Informationen über Bücher und andere Medien

Arbeitsgemeinschaft Kinder- und Jugendschutz
Landesstelle NRW e.V.
Poststr. 15–23
50676 Köln
Tel.: (0221) 9 21 39 20

Arbeitskreis für Jugendliteratur e.V.
Schlörstr. 10
80634 München
Tel.: (089) 1 68 40 52

Bundesprüfstelle für jugendgefährdende Schriften
Kennedyallee 105–107
53175 Bonn
Tel.: (0228) 37 66 -31 oder -32

Bundeszentrale für politische Bildung
Referat Neue Medien
Postfach 2325
53013 Bonn
Tel.: (0228) 51 50

Bundeszentrale für gesundheitliche Aufklärung
51101 Köln
Tel.: (0221) 89 92-0

Stiftung Lesen SdbR
Fischtorplatz 23
55116 Mainz
Tel.: (06131) 28 89 00

Deutsches Jugendmedienwerk e.V.
Fischtorplatz 23
55116 Mainz
Tel.: (06131) 2 88 90-18
Fax: (06131) 23 03 33

## *Informationen über Spiele*

spiel gut Arbeitsausschuß
Kinderspielzeug +
Spielzeug e.V.
Heimstraße 13
89073 Ulm
Tel.: (0731) 6 56 53

## *Informationen und Produkte für Linkshänder*

Linkshänderberatungsstelle
Interessenvereinigung für
Linkshänder (ONRS)
Sendlinger Straße 17
80331 München
Tel.: (089) 26 86 14

Linkshand-Versand
Elisabeth Höhn
Pfälzer Straße 20c
67551 Worms
Tel.: (06247) 74 24

Linkshand-Versand
Manfred Link
Goethestraße 15
63263 Neu-Isenburg
Tel: (06102) 21 54

Left Hand Corner,
c/o Norbert Martin
Platzhoffstr. 14
42115 Wuppertal
Tel./Fax: (0202) 30 51 56

sinErgo
Wasserburger Landstraße 167a
81827 München
Tel./Fax: (089) 45 36 26-08
on-line Katalog:
http://www.sinergo.com.
eMail: info a sinergo.com.

Live – Linkshandartikelversand Dietlinde Stübner
Im Heidefeld 38
39175 Wahlitz
Tel.: (039200) 5 33 79

# Weiterführende Literatur

Austermann, M./Wohlleben, G.: Zehn kleine Krabbelfinger. Kösel, München 1992

Berne, P./Savary, L.: Kinder brauchen Selbstvertrauen. Herder, Freiburg 1995

Bettelheim, B.: Kinder brauchen Märchen. dtv, München 1996

Buzyn, E.: Laßt mir doch die Zeit zum Träumen. Leistungsdruck und Streß abbauen – Wie Eltern ihren Kindern helfen können. Herder, Freiburg 1997

Cratzius, B.: Indianerfrühling. Neue Geschichten, Lieder, Sing- und Bewegungsspiele, Rätsel, Rezepte und Bastelideen für kleine Indianer. Herder, Freiburg 1997

Eichelseder, W.: Unkonzentriert? Hilfen für hyperaktive Kinder und ihre Eltern. Beltz, Weinheim 1996

Falkenberg, G.: Fingerspiele. Falken, Niedernhausen 1996

Franz-Lammers, H.: Lieder und Bewegungsspiele 1. Herder, Freiburg 1997

Franz-Lammers, H.: Lieder und Bewegungsspiele 2. Herder, Freiburg 1994

Große-Jäger, H.: Freude an Musik gewinnen. Herder, Freiburg 1996

Harland, S./Plath, P.: Ohrenerkrankungen. Erkennen, Vorbeugen, Behandeln. Midena, Augsburg 1997

Hoffmann, K. W.: Kinder brauchen Bewegung. rororo, Reinbek 1998

Keller, H./Lohaus, A.: Was Dein Kind Dir sagen will. Falken, Niedernhausen 1997

Kreusch-Jacob, D.: Das Musikbuch für Kinder. Ravensburger Buchverlag, Ravensburg 1992

Mielke, U.: Schwierige Kinder besser verstehen, 2. Aufl. Midena, Augsburg 1998

Montessori, M.: Kinder lernen schöpferisch. Herder, Freiburg 1994

Montessori, M.: Kinder sind anders. dtv, München 1997

Orthaus, A.: Fingerspiele. Ravensburger Buchverlag, Ravensburg 1996

Prekop, J.: Der kleine Tyrann. Kösel, München 1998

Reid, S./Trowell, J.: Versteh dein Kleinkind. Beltz, Weinheim 1997

Stoppard, M.: So fördere ich mein Kind. Ravensburger Buchverlag, Ravensburg 1992

Veith, P.: Eltern machen Kindern Mut. Herder, Freiburg 1997

Wagner, E.: Sehen-Hören-Spüren. Sinnesspiele für Kinder von 3–8. Don Bosco, München 1995

Wendlandt, W. (Hrsg.): Sprachstörungen im Kindesalter. Materialien zur Früherkennung und Beratung. Thieme, Stuttgart 1995

Zimmer, R.: Kreative Bewegungsspiele. Herder, Freiburg 1996

# Sachregister